MEAT LESS

FLEISCHLOS UM DIE WELT

VON **CIHAN ANADOLOGLU**

MEAT LESS

Text: Cihan Anadologlu
Fotos: Silvio Knezevic

INHALT

»Ich liebe die Kunst – die Kunst
mich gesund zu ernähren.«
Cihan Anadologlu

Von Los Angeles bis Tokio … es war mein Traum, alles zu sehen und zu erleben. Alles zu probieren, zu kosten, noch nicht Bekanntes zu entdecken und die Geheimnisse der verschiedenen Küchen und Kulturen zu erkunden. Nun kann ich wirklich behaupten, dass ich viel gegessen habe, sehr viel!

Ich habe zahlreiche Länder bereist und dabei spannende Menschen und Küchen kennengelernt. Menschen, mit denen ich meine Leidenschaft für das Kochen und Zubereiten von Speisen und Getränken teilen konnte. Ich saß mit Leuten zusammen, wir sprachen nicht einmal dieselbe Sprache, doch am Tisch verstanden wir uns, ohne verbal miteinander kommunizieren zu müssen. Nach vielen Gerichten mit Fleisch machte ich mich langsam daran, Vegetarisches zu probieren. Es schmeckte so anders hervorragend, und ich wusste, dass zum vollendeten Genuss nicht unbedingt Fleisch nötig ist.

Es gibt Gerichte, die werde ich nie vergessen, an manche erinnere ich mich fast jeden Tag. Und es gibt Speisen, die wollte ich im selben Moment vergessen, in dem ich erstmals reingebissen habe. Die Küche ist vielfältig, die Welt ist vielfältig … und das ist auch gut so.

Guten Appetit, bon appétit, afiyet olsun, shokuyoku ga yoi!

MEINE STORY

Aus der süddeutschen Kleinstadt hinaus in die Welt und heute glücklich in München. Passt!

WO ALLES BEGANN

Giengen an der Brenz, die kleine Stadt in der Nähe von Ulm, aus der die Teddybären mit dem Knopf im Ohr herkommen – das war in den 1980er-Jahren meine Heimat. Die Stadt war damals aufgeteilt in »Südstadt« und »Nordstadt«. Und ebenso die Freunde. Auch wenn die Stadt klein war, hat man selten mit den Leuten in der »Südstadt« etwas zu tun gehabt. Man blieb unter sich. Selbst heute, nach 40 Jahren Lebenszeit, kenne ich nur ein paar aus der »Südstadt«, doch die engeren »Brudis«, zu denen ich immer noch Kontakt habe, sind eher die aus der »Nordstadt«.

MEINE ELTERN

Es war nicht einfach, als meine Eltern in den 1970er-Jahren als Gastarbeiter nach Deutschland kamen. Erster Stopp München, anschließend ging es nach Ingolstadt und dann auf in ein weiteres Industriegebiet, wo viele Gastarbeiter schon seit Jahren ihre Arbeit verrichteten. Neben den großen Firmen wie Bosch, Siemens, Osram, Voith und Hartmann gab es auch sehr viele mittelständische Unternehmen, die auf die Gastarbeiter angewiesen waren. Und die froh waren, dass je-

mand da war, um die anfallende Arbeit zu erledigen. Die Auftragsbücher waren zu dieser Zeit voll. Als mein Vater meine Mama nach Deutschland holte, so erzählt mir heute meine Mutter, machte ihr der Kulturschock damals ziemlich zu schaffen. Vom geräumigen Haus der Familie in Istanbul Umzug in ein Apartment für Gastarbeiter in Deutschland. Aber es sollte ihnen ja hier besser gehen – und deshalb haben sie damals durchgezogen, wovor heutzutage viele sofort die Segel streichen würden. Respekt.

Als wir auf die Welt kamen, mein Bruder und ich, war für uns alles ziemlich normal. Die Eltern gingen arbeiten und wir waren irgendwann im Kindergarten bzw. in der Schule. Der Film »Und täglich grüßt das Murmeltier« kommt unserem damaligen Leben schon sehr nahe. In den Sommerferien ging es jedes Jahr in die Türkei. Erst nach Istanbul, wo die Familie meiner Mama lebte, danach weiter nach Ankara zur Familie meines Vaters. Anschließend fuhren wir noch für ein paar Tage ans Meer, ehe die fünf Wochen vorbei waren – und wir schon wieder im Auto saßen auf dem Weg zurück nach Deutschland. Meistens über Bulgarien, das damalige Jugoslawien und weitere Länder, wobei ich ein eigenes Buch über diese langen Autofahrten schreiben könnte.

JUGEND UND TRÄUME

Ich kann mich noch genau erinnern an all die Wege zu Reisebüros, die ich in sehr jungen Jahren zurückgelegt habe. Jeden Tag ging ich in ein anderes, um mich schon als Zwölfjähriger zu erkundigen, was denn die Trends der neuen Saison sind und wohin die Menschen gerne reisen. Ich nahm mir jede Menge Kataloge mit, über Reisen nach Nord- und Südamerika bis hin nach Asien. Damals gab es natürlich noch kein Internet, zu Hause wälzte ich die Kataloge und schaute mir jedes Hotel genau an. Anschließend kaufte ich mir mit meinem ersparten Geld die Reiseführer und begab mich im Kopf auf die Reise in diese fernen Länder. Ich stellte mir die beschriebenen Restaurants vor, und wie ich dort speise, auch das Essen selbst malte ich mir ganz genau aus – wie toll es womöglich sein würde. Jedes Mal, wenn ich einen Reiseführer von New York in die Hand nahm, war es der größte Traum, einmal in den Restaurants dort zu essen. Irgendwann nach einigen Jahren war ich wie versessen darauf, im »Le Cirque« zu speisen: das damalige Highlight in New York! Zu diesem Zeitpunkt interessierte ich mich aber nicht nur fürs Essen, sondern auch für die verschiedenen Kulturen, die ich durch die Lektüre der Reiseführer entdeckte. Ich las in dieser Zeit sehr viel und verschlang mehr oder weniger jedes Buch und jeden Reiseführer, der mir in die Hände kam.

So langsam fing ich an, mich immer mehr für den Kontinent Asien zu interessieren. Am Anfang vor allem für China, und nach einiger Zeit konzentrierte ich mich sehr auf Japan. Mich faszinierte ganz besonders, wie lange die Japaner anscheinend arbeiteten und anschließend tolle Restaurants aufsuchten, um dort zu essen und ein oder zwei (oder auch mehr) Bier und Sake zu trinken. Mich hat Arbeit schon immer fasziniert, und ich wollte auch schon immer möglichst schnell aus der Schule raus und arbeiten.

FRÜHE LEIDENSCHAFT

Ein einziges Mal, soweit ich mich erinnern kann, waren wir (nicht in den Sommerferien, denn die waren reserviert für Fahrten in die Türkei) in Italien in der Stadt San Marino – für zwei Tage. An weitere Länder oder Städte kann ich mich nicht erinnern, außer an die obligatorischen Fahrten zum Europa-Park Rust.

Bei Gott, es ging uns nicht schlecht, und wir hatten mehr oder weniger alles, was wir brauchten und wollten. Vor allem plünderte ich den Kühlschrank anscheinend in jeder freien Minute, in der mich meine Eltern nicht im Blick hatten. Schnappschüsse mit der Kamera bestätigen diese geheimen Ausflüge in die Küche und in die hintersten Ecken des Kühlschrankes, wobei meine Lieblingsspeise wohl Schafskäse war. Erst Jahre später wurde mir selbst bewusst, wie unglaublich gerne ich Käse genieße – mit Baguette, Trauben, Walnüssen und Feigensenf, einmal die Woche, dazu eine Flasche Weißwein, am liebsten einen Chablis oder Sauvignon Blanc.

Die Schule war - ehrlich gesagt - wirklich nie meins. Das lag erstens an meinem Desinteresse an der Schule selber und zweitens, soweit ich das heute beurteilen kann, an der Ausländerfeindlichkeit meiner damaligen Lehrer. Nicht alle waren so, aber viele. Der Ausländeranteil an meiner Schule - ich ging auf die Realschule - war damals ziemlich gering. Wenn ich heute an die Zeit zurückdenke, kann ich mir vorstellen, dass ich selbst vieles falsch gemacht habe, aber es war auch keiner wirklich für mich da, um mir zu zeigen, wie ich es anders hätte machen können.

Also konzentrierte ich mich auf den Sport, der mir sehr viel Spaß machte und Erfolgserlebnisse brachte. Ich schaffte es in sehr jungen Jahren bis zum schwarzen Gürtel im Taekwondo. Das war für mich ein echter Meilenstein. Zum ersten Mal hatte ich etwas geschafft, was ich mir vorgenommen hatte im Leben, und darauf war ich ziemlich stolz. Nachdem ich das »abgehakt« hatte, konzentrierte ich mich auf meine neue Liebe - Basketball. Ich war wie besessen davon. Michael Jordan war mein großes Idol und jede Nacht schaute ich mir die Play Offs und Finals an, wo die Chicago Bulls sechs Meistertitel gewannen. Ich nahm mir Jordan zum Vorbild und trainierte tagtäglich von morgens bis nachts. Die Schule hat mich überhaupt nicht mehr interessiert, der einzige Weg raus aus allem war Basketball.

Doch die Liebe zur Gastronomie kam irgendwie gleichzeitig, als ich langsam erwachsen wurde, besser gesagt, erst mal zu einem Jugendlichen heranwuchs. Um mir alles selber leisten zu können, habe ich damals in einer türkischen Fabrik gearbeitet, die - man kann es sich vorstellen - Lahmacun, also türkische Pizza, in großen Mengen produziert und verpackt hat. Für ganz Deutschland. Damals kam ich intensiv mit der türkischen Küche in Berührung. Natürlich nicht nur durch meinen Job in der Fabrik, sondern noch mehr durch die Kochkünste meiner Eltern.

Jeden Tag standen mindestens drei bis vier verschiedene Gerichte auf unserem Tisch. Die Mahlzeit bestand meistens aus einer Vorspeise wie einer Suppe aus Linsen, die mir am meisten mundete, anschließend gab es ein Hauptgericht, oft Fleisch oder Fisch, mit einer Sättigungsbeilage, meistens Reis, und bis heute liebe ich Reis über alles und kann ihn kiloweise pur essen. Zudem gab es immer eine kalte Vorspeise dazu und einen türkischen Bauernsalat. Ich vermisse es sehr, so sehr, dass ich bis heute jedes Mal, wenn ich meine Familie besuche, schon Tage im Voraus meine Bestellung durchgebe, was ich gerne essen möchte, wenn ich komme. Et voilà, meine Mutter kocht es auf dieselbe Art und Weise wie damals, mir kommt es so vor, als ob sogar die Töpfe und Pfannen dieselben sind.

ihre Familie ausgewogen ernähren wollte. Und auch diese Gerichte schmeckten köstlich, heute weiß ich, dass die türkische Küche so viel mehr ist als Döner Kebap und Grillgerichte. Sie ist mit der chinesischen und französischen Küche eine der drei vielfältigsten Küchen der Welt, und das sieht und schmeckt man.

CIHAN AROUND THE WORLD

Und dann war es endlich so weit! Mein Talent hatte mich weit gebracht, seit ich mir die neuesten Reiseführer von New York City besorgt hatte und wissen wollte, wie diese Stadt tickt und lebt. Nach einer kurzen und verrückten Zeit als Basketballer musste ich mit dem Thema Sport endgültig abschließen. Ich wusste aber schon immer, dass ich entweder Sportler werden oder irgendwann in die Gastronomie gehen würde. Nun war der Fokus auf die zweite Leidentschaft gelegt. Ich ging nach New York zu meiner Tante und die Stadt fesselte mich auf der Stelle. Ich hatte alles auswendig gelernt über die Orte, die ich besuchen wollte, und alle waren echt erstaunt, dass ich mit 17 Jahren so viel über New York wusste. Ich sah das Leben in dieser pulsierenden Stadt und wollte unbedingt ein Teil davon sein. Ich gab mich nicht zufrieden damit, das damalige Harley-Davidson-Café zu besuchen, sondern wollte von Harlem bis Downtown alles sehen und erleben. In Harlem speiste ich im »Silvia's«, unvergesslich.

Ich hing in New York rum, spielte gelegentlich Basketball im Central Park und erkundete die besten Plätze, wo man hingehen konnte, um sich eine Mahlzeit reinzuziehen.

Doch wie lange sollte das so weitergehen? Ich musste irgendwie einen Grundstein für meine gastronomische Karriere setzen. Also ergatterte ich mir durch Kontakte eine Position als Barhelfer, um anzufangen zu lernen.

KOCHEN IST LIEBE

Von meinen ersten hart erarbeiteten Groschen kaufte ich mir immer zwei Dinge: die neuesten Jordan Schuhe von Nike und Döner. Schon damals liebte ich Döner über alles und jedes Mal, wenn wir die 35 Kilometer nach Ulm gefahren sind, um bei meinem Dönerladen des Vertrauens meine Leibspeise zu mir zu nehmen, war es wie eine Fahrt nach Disneyland. So sehr freute ich mich, und meistens verschlang ich gleich zwei.

Basketball und Essen waren also meine großen Leidenschaften geworden. Jeden Tag schaute ich meiner Mutter und meinem Vater zu, wie sie unser Abendessen vor- und zubereiteten. Es war einfach, aber solide und sättigend. Ich selber kriege es heute kaum so hin, es war etwas dabei, was heutzutage leider oft aus Zeitmangel fehlt – die Liebe. Nur durch die Zubereitung mit Liebe wird das Essen so gut, wie es sein soll. Und Mamas Küche ist bekanntlich die beste!

Erstaunlich war, dass meine Eltern auch sehr oft fleisch- und fischlose Gerichte zubereiteten. Das lag erstens an den Kosten und zweitens daran – ich kann mich noch sehr gut erinnern, dass es meine Mutter schon damals sagte – dass sie

Warum ich direkt in einer Bar eingestiegen bin, lässt sich leicht erklären: 1988 kam der Film »Cocktail« mit Tom Cruise als Hauptdarsteller in die Kinos. Als er in Deutschland lief, war ich ein Teenager: Geld, Coolness, Aufmerksamkeit und hübsche Frauen verspricht das Leben eines Bartenders in diesem Film. New York war daher die ideale Stadt für mich. Sollte sie die große Liebe in mir wecken, um eine großartige Gastronomie-Karriere zu starten? Ja, das sollte sie.

Einige Zeit und viele Erlebnisse später kam ich zur Vernunft und realisierte, dass ohne eine solide Grundausbildung das mit der Karriere ziemlich schnell wieder vorbei sein konnte. Also ging ich weg aus New York mit dem Wunsch, noch mehr zu erfahren und die Gastronomie von Grund auf zu lernen. Nach vielen Stationen »around the world« kam ich schließlich im schönen München an. Ich wusste, dass die Ausbildung an einer staatlich anerkannten Schule mit Abschluss die beste Voraussetzung für mich sein würde, um meinem Berufsleben den optimalen Schliff zu geben.

LET'S ROCK LIFE (KARRIERE)

Es begann, als ich mich im besten und teuersten Luxushotel in München vorstellte. Ich wusste alles über dieses Hotel, ich hatte viele Informationen gesammelt und kann mich heute noch gut daran erinnern, dass ich über eine Stunde lang erzählte: über mich, meine Pläne und Visionen und warum ich einfach dort hingehörte.

Nach dem Abschluss als Klassenbester mit Supernote zog es mich eine Straße weiter, in eine inhabergeführte kleine Cocktailbar, in der auch mein damaliges Idol Charles Schumann schon gearbeitet hatte. Danach ging es wieder eine Straße weiter direkt als Barchef auf der schönen Maximilianstraße - im zweiten Luxushotel in München.

Wunderbare vier Jahre arbeitete ich an einem der schönsten Orte jener Zeit und danach wusste ich, dass ich bei keinem geringeren als Charles Schumann anheuern musste, um meinen Weg weiterzugehen. Bei Gott, es war nicht einfach; die lehrreichste Zeit bis dato sollte beginnen und ebenso die erfolgreichste. Nach einem kämpferischen Jahr war mir der Titel als Barchef in der berühmtesten Bar der Welt sicher. Die Awards und Auszeichnungen prasselten über viele Jahre auf mich und uns ein. Ich lernte viel und lehrte viel. Ich war in der Blüte meiner Zeit und keiner konnte mich aufhalten. Ich war einer der besten der Welt und jeder wusste das.

Ich bekam viele Einladungen, um auf den größten Events der Welt Cocktails zu kreieren. Von den GQ-Awards, den Bambi-Verleihungen, Filmfestspielen bis hin zu den Academy Awards mit den Oscarverleihungen. Milliardäre buchten mich für private Feiern, um sie mit den besten Spirituosen und Cocktails zu versorgen. Mein Leben war Rock 'n' Roll. Mein Erfolg wuchs ständig, ebenso die Anzahl der Neider und Menschen aus meinem Umfeld, die mir den Erfolg nicht gönnten. Das ist leider auch heute noch so.

ÜBERMUT UND DER DRANG ZUR DEMUT

Ich wäre nicht der Mensch, der ich heute bin, wenn ich immer auf Ratschläge anderer gehört hätte. Ich musste allem Erfolg nochmal die Krone aufsetzen und begab mich auf ein gefährliches Terrain - die Selbstständigkeit. Viele Gastronomen sprechen über »selbst« und »ständig«, wenn sie von der Arbeitslast in ihren Betrieben berichten, und da ist wohl was Wahres dran.

Meine Vision, die beste Bar der Welt zu erschaffen, nahm Formen an. Mein Konzept: Demut, die ich in Japan gelernt hatte. Meine Aufgabe: alles dafür zu tun, die Vision zu verwirklichen.

Meine Bar war einzigartig, eine Architektur, die es noch nie für eine Bar gegeben hatte, dazu ein Konzept, das seinesgleichen gesucht hat. Wir filterten Wasser mit japanischer Binchotan-Kohle und froren unser Logo in unsere selbstgeschnittenen Eiswürfel hinein, wir schnitten unsere eigenen Eisdiamanten und Eiswürfel aus Eisblöcken heraus. Wir hatten ein Musik-Menü, für das wir viele Awards gewannen: Die Stimmung der Gäste entschied darüber, welchen Drink sie bekamen.

Und eines war mir sehr wichtig: dass nur Frauen an der Bar arbeiten. Frauen haben ein unglaubliches Gespür für Menschen und eine großartige Präzision bei der Zubereitung von Drinks. Jedoch war ihnen lange eine Plattform verwehrt worden – bis meine Bar öffnete. Von Los Angeles bis Tokio reisten sie an, um bei mir zu arbeiten oder zumindest für eine Gastschicht zu jobben.

Es war großartig. Die Bar zählte viele Jahre hintereinander zu den besten der Welt, gewann viele Awards und wurde von jedem respektvoll betreten. Die Bar erinnerte an einen Sushi-Tresen

und ich war der Sushi-Meister im Geiste. Mein erstes Buch wurde veröffentlicht. Ein weiterer Traum ging damit in Erfüllung. Wohin sollte es noch gehen, fragte ich mich bei der Vorstellung meines Buches. Ein Traum nach dem anderen ging in Erfüllung, manchmal dachte ich, dass ich das wohl alles nur träume.

Doch war es das nun? Was würde darauf folgen? Sollte es auf ewig so weitergehen? Ich brauche im Leben immer wieder eine Veränderung, um neue kreative Prozesse, die in meinem Gehirn stattfinden, umzusetzen. Das war nicht einfach, ich war gefangen in einem Sog aus Erfolg, Geld und Aufmerksamkeit. Das konnte ja nicht ewig so weitergehen, der Erfolg war mir sehr wichtig, aber nicht um jeden Preis. Der Preis war sehr hoch, auch meine Gesundheit litt. Wollte ich so weitermachen oder war es Zeit für den Aufbruch zum Umbruch?

DER AUFBRUCH ZUM UMBRUCH

Um nicht mehr so viel zu reisen, mich zu erden und mein Leben bodenständiger zu gestalten, sollte mir die Erfüllung eines weiteren Traumes helfen: einen Hund zu mir zu holen. Doch die Suche gestaltete sich schwieriger als gedacht. Bei meinem ersten Besuch in Japan kam ich am Bahnhof in Shibuya an der »Hachiko«-Statue vorbei. Ich habe viel über die Geschichte dieses treuen Tieres gelesen, war in Museen und erkundigte mich ausführlich über die Hunderasse: den Akita. Der Hund der Samurai. Ein Bärenjäger. Ein Hund, der furchtlos ist und dem das Angst-Gen fehlt. Ich wusste schon damals, dass mich nichts davon abhalten würde, mir irgendwann so einen Hund zu holen. Nun war die Zeit gekommen. Doch die Geschichte besagt, dass der Hund dich findet und nicht andersherum. Zurück in Deutschland wurde mein Baby-Akita schnell ein Teil unseres Lebens. Meine damalige Freundin und jetzige Ehefrau schloss die Hündin genauso schnell ins Herz und wir wurden ein Herz und eine Seele. Die Liebe zu einem Tier – ich wusste bis dato nicht, wie stark sie sein kann. Meine »Hatchi« lehrte mich viel. Ich begann, Tiere aus einem anderen Blickwinkel zu sehen und verstand, dass sie etwas ganz Besonderes sind.

Zwischen all dem war ich immer auch auf der Suche herauszufinden, ob das Bargeschäft noch mein Leben erfüllt. Ich las und recherchierte viel und kam auf die Idee, meine türkischen Wurzeln mehr in den Vordergrund zu stellen. Ich begann über den Döner Kebab zu lesen und zu schreiben. Ich flog mehrmals in die Türkei, um noch mehr zu erfahren. Bald war klar: Ein Buch über den Döner Kebab musste geschrieben werden.

Just in der Zeit, als das Buch veröffentlicht werden sollte, kam die Corona-Pandemie und gleichzeitig meine Diabetes-Typ-2-Erkrankung.

Meine Entscheidung stand fest: weg von der Bar und dem Nachtleben und hin zu einem gesünderen Lebensstil, der mehr auf das Tagesgeschäft fokussiert ist. Bitte nicht falsch verstehen, die Arbeit in einer Bar muss nicht zwingend ein ungesundes Leben mit sich bringen. Aber für mich war die Zeit reif, etwas zu verändern, neue Energie zu tanken und wegen meines Diabetes ein gesundes, ausgewogenes Leben zu führen – mit ausreichend Schlaf und Energie, um meinen kreativen Prozess im Gehirn weiter zu fördern.

Die nächste Suche begann: nach neuen Rezepten und gesünderem Essen. Es überraschte mich, wie viele Gerichte es gab, nach deren Genuss es einem gut ging und die einem sogar noch Energie schenkten. Viele Superfoods, die ich vorher nicht gekannt hatte, verhalfen mir schnell dazu, mein Leben zu verbessern. Ich trank viel japanischen Grünen Tee und ebenfalls japanischen Matcha-Tee, der unglaublich viele Antioxidantien enthält. Ich verzichtete auf Zigaretten und Alkohol. Meine Pfunde purzelten und in nicht mehr als sechs Monaten hatte ich die Erkrankung erstmal besiegt. Was gutes Essen und gesunde Ernährung alles ausmachen konnte! Nun begann ich mich damit zu befassen, wie weit ich meine Ernährung auch langfristig umstellen konnte.

Ich probierte es mit veganem und vegetarischem Essen. Vegan ist hart – sehr hart, vegetarisches Essen ist unkomplizierter, angenehmer und auch vielfältiger. Ich wurde zum Flexitarier, also jemand, der sich überwiegend vegetarisch ernährt, aber auch gelegentlich hochwertiges, biologisch produziertes Fleisch zu sich nimmt.

MEINE FAMILIE

Danach ging alles schneller als gedacht. Ich zog von meiner Stadtwohnung etwas mehr an den Stadtrand, um meine Agentur auch dort anzusiedeln und um Ruhe zu haben, wenn ich abends und nachts an meinen Projekten arbeiten würde.

Ich heiratete, bekam einen wunderbaren Sohn und nannte ihn Charles (nach Charles Schumann) Ceyhan – in Anspielung auf meinen Namen.

Doch vermisste ich dabei nicht den umtriebigen Cihan, der ständig in der Weltgeschichte unterwegs war, von einem PR-Termin zum nächsten hetzte und jedem alles rechtmachen wollte?! Ein wenig schon, um ehrlich zu sein. Und meine umtriebige Zeit war noch nicht vorbei. Sie begann wieder aufs Neue mit diesen Umständen. Mein Kopf sprudelte vor Ideen, ich bekam so viel Energie aus meiner Ernährung, die Geburt meines Sohnes sowie die unendliche Liebe zu meinem Akita wandelten mich um. Cihan 2.0 war wie neu geboren und nun beginnt Teil 2.

That´s life – ich liebe es.

AUF DIE
HAND

KOREAN STREET TOAST

Seoul, Korea. Ankunft spät in der Nacht, der einzige Laden, den ich finde, ist ein kleiner Imbiss, der diesen Toast anbietet. Ich bestelle ihn, beiße hinein und schwebe im siebten Himmel.

Für 2 Personen
Zubereitungszeit: 30 Min.
Pro Portion ca. 550 kcal,
18 g E, 28 g F, 55 g KH

100 g Grünkohl
½ Möhre
2 Frühlingszwiebeln
½ TL Salz
¼ TL Pfeffer
1 Ei
2 ½ EL Butter
4 Scheiben Toastbrot
2 TL Zucker
1-2 Scheiben milder Käse
(z. B. Gouda)
Ketchup und Mayonnaise

Den Grünkohl waschen und in sehr dünne Streifen schneiden. Die Möhre putzen, schälen und in dünne Stifte schneiden. Die Frühlingszwiebeln waschen, putzen und in dünne Ringe schneiden. Alles in eine Schüssel geben und mit Salz und Pfeffer würzen. Das Ei gut unterrühren.

In einer großen gusseisernen oder beschichteten Pfanne 1 EL Butter bei mittlerer Hitze schmelzen. Die Brotscheiben nebeneinander hineinlegen und die Butter aufsaugen lassen. Das Brot in ca. 2 Min. goldbraun rösten.

1 EL Butter in die Pfanne geben. Das Brot wenden, damit die Butter von der anderen Seite aufgesogen wird. Die Scheiben in 1-2 Min. goldbraun rösten. Auf einen Teller legen und die Oberseiten jeweils mit ½ TL Zucker bestreuen.

Die übrige Butter (½ EL) in der Pfanne schmelzen. Die Kohlmischung hineingeben und 2-3 Min. braten, bis sie unten goldbraun ist. Vorsichtig wenden, mit dem Käse belegen und die zweite Seite in 2-3 Min. goldbraun braten.

Die Kohlmischung auf 2 Brotscheiben verteilen. Mit Ketchup und Mayonnaise würzen und die übrigen 2 Brotscheiben mit der gezuckerten Seite nach unten darauflegen. Nach Belieben durchschneiden. Warm servieren.

Tabouleh gibt es überall in Marokko, in jedem kleinen Lokal am Eck, im Luxusrestaurant und natürlich auf allen Märkten. Der Salat ist ein echter Genuss – sollte man mindestens einmal die Woche essen!

Für 2 Personen
Zubereitungszeit: 25 Min.
Ruhezeit: 15 Min.
Pro Portion ca. 580 kcal,
15 g E, 23 g F, 72 g KH

Für den Salat:
150 g Bulgur
200 ml heiße Gemüsebrühe
3 Tomaten (ca. 200 g)
1 kleine Salatgurke
1 Bund Frühlingszwiebeln
1 Bund Petersilie
½ Bund Minze
Salz, Pfeffer
8 Blätter Mini-Romanasalat

Für das Dressing:
1 Zitrone
1 EL flüssiger Honig
½ TL gemahlener Kreuzkümmel
½ TL edelsüßes Paprikapulver
4 EL Olivenöl

Für den Salat den Bulgur in einem Topf mit der Brühe übergießen und zugedeckt ca. 20 Min. quellen lassen. Inzwischen die Tomaten waschen und ohne den Stielansatz fein würfeln. Die Gurke putzen, waschen und ebenfalls fein würfeln. Die Frühlingszwiebeln waschen, putzen und in feine Ringe schneiden. Petersilie und Minze waschen, trocken schütteln und fein schneiden.

Für das Dressing die Zitrone halbieren und auspressen. Den Saft mit Honig, Kreuzkümmel und Paprikapulver verrühren. Das Olivenöl unterrühren und das Dressing mit Salz und Pfeffer würzen.

Den Bulgur in eine Servierschüssel geben und das Dressing gut untermischen. Tomaten, Gurke, Frühlingszwiebel und die Kräuter unterheben. Den Salat mit Salz und Pfeffer abschmecken und ca. 15 Min. bei Zimmertemperatur durchziehen lassen.

Den Mini-Romanasalat waschen und trocken tupfen. Tabouleh in den Salatblättern anrichten und genießen.

TABOULEH

ARANCINI

Arancini bekommt man in Sizilien an jeder Straßenecke und sie werden meist mit Kalbshack zubereitet. Nicht aber unsere Variante. Wir lassen das Fleisch weg und ersetzen es auch nicht durch eine andere Zutat. Wieso? Die Mutter eines guten Freundes hat uns mal Arancini zubereitet und das Kalbshack einfach vergessen. Es schmeckte absolut köstlich.

Für 12 Stück
Zubereitungszeit: 45 Min.
Kühlzeit: 30 Min.
Pro Stück: ca. 285 kcal,
13 g E, 17 g F, 19 g KH

300 g gegarter Reis (100 g roher Reis)
200 g Parmesan
5 Eier
3 EL Olivenöl
4 EL TK-Erbsen
100 ml Weißwein
150 g passierte Tomaten
Salz, Pfeffer
125 g Mozzarella
200 g Semmelbrösel
ca. 500 ml Öl zum Frittieren

Den gegarten Reis in eine Schüssel geben. Den Parmesan reiben und untermischen. 3 Eier hinzufügen und gut unterrühren. Beiseitestellen.

Das Olivenöl in einem kleinen Topf erhitzen und die Erbsen hinzufügen. Mit dem Weißwein ablöschen, die passierten Tomaten, Salz und Pfeffer dazugeben und alles bei mittlerer Hitze ca. 5 Min. köcheln lassen. Inzwischen den Mozzarella in 12 ca. 1 cm kleine Würfel schneiden.

Den Reis in zwei Portionen teilen. Aus einer Hälfte 12 kleine Kugeln formen. 1 Reiskugel auf eine Handfläche legen, etwas flach drücken und in der Mitte eine Mulde formen. In die Mulde 1 TL Erbsenfüllung und 1 Mozzarellawürfel geben. 1 EL Reis (von der zweiten Hälfte) daraufgeben, die Füllung damit umschließen und das Ganze wieder zu einer Kugel formen. Mit den restlichen Zutaten ebenso verfahren. Die Arancini auf ein mit Backpapier belegtes Backblech legen und ca. 30 Min. in das Tiefkühlfach stellen.

Die übrigen 2 Eier in einem Teller verquirlen, die Semmelbrösel auf einen anderen Teller geben. Die Arancini zuerst in den Eiern und dann in den Semmelbröseln wenden.

Das Öl in einem großen Topf auf 180° erhitzen. Immer je 2 Arancini hineingeben und in 3-4 Min. goldbraun frittieren. Mit einer Schaumkelle herausnehmen, auf Küchenpapier entfetten und warm servieren.

Die Fahrt von Istanbul nach Ankara zu den Verwandten war immer abenteuerlich und anstrengend. Doch bei jeder Rast sah ich die Frauen, die auf dem Boden sitzend Gözleme zubereiteten. Wenn es frisch gebacken und in Papier gewickelt überreicht wurde, musste man noch etwas warten, bis man in die unglaublich leckere heiße Teigtasche reinbeißen konnte.

Für 4 Personen
Zubereitungszeit: 1 Std.
Pro Portion ca. 455 kcal,
12 g E, 32 g F, 28 g KH

150 g Mehl
2 TL Salz
300 g Blattspinat
150 g Feta (Schafskäse)
1 Bund Petersilie

Außerdem:
Mehl für die Arbeitsfläche
Öl zum Braten

Das Mehl mit dem Salz in eine Schüssel sieben. Dann 100 ml warmes Wasser dazugeben und alles zu einem glatten, weichen Teig verkneten. Den Teig in vier gleich große Portionen teilen, diese zu Kugeln formen und auf eine bemehlte Arbeitsfläche legen. Mit einem feuchten Geschirrtuch abdecken und ca. 30 Min. ruhen lassen.

Inzwischen den Spinat verlesen, gründlich waschen, abtropfen lassen und in dünne Streifen schneiden. Den Feta in einem tiefen Teller mit einer Gabel fein zerdrücken. Die Petersilie waschen und trocken schütteln, die Blätter abzupfen und fein hacken. Die Petersilie unter den Feta mischen, den Spinat hinzufügen und alles gut vermischen.

Auf einer bemehlten Arbeitsfläche die Teigkugeln zu dünnen Fladen (ca. 25 cm Durchmesser) ausrollen. Auf jede Teighälfte ein Viertel der Käse-Spinat-Mischung geben. Die andere Teighälfte darüberlegen und die Ränder mit einer Gabel rundherum gut zusammendrücken.

In einer Pfanne 2 EL Öl erhitzen. Die Gözleme bei mittlerer Hitze nacheinander pro Seite in ca. 5 Min. goldbraun braten, für jedes Gözleme wieder etwas Öl in die Pfanne geben.

GÖZLEME

AVOCADO-PAPAYA-FRÜHLINGSROLLEN

Ich habe sie an jeder Ecke gegessen in Bangkok, in allen Variationen in Phuket und ich weiß nun, dass das Geheimnis in der Sauce liegt. So wie bei vielen Gerichten steht und fällt auch dieses mit der Sauce. Daher gebe ich den Tipp, bei der Zubereitung und beim Abschmecken der Sauce wirklich eine extra Portion Zeit und Liebe einfließen zu lassen.

Für 4 Personen
Zubereitungszeit: 1 Std.
Pro Portion ca. 175 kcal,
2 g E, 11 g F, 13 g KH

Für die Sauce:
¼ reife Papaya (ca. 150 g)
1 daumengroßes Stück Ingwer
2 EL süße Thai-Chilisauce
2 EL Reisessig
Saft von 1 Limette
1 Handvoll Thai-Basilikum

Für die Frühlingsrollen:
1 große Avocado
Saft von ½ Limette
200 g Gemüse (z. B. Gurke,
Möhre und Paprika)
1 Handvoll Koriandergrün
1 Handvoll Minze
8 Reispapierblätter
(ca. 22 cm ∅)
Salz, Pfeffer

Für die Sauce die Papaya schälen, die Kerne entfernen und das Fruchtfleisch grob würfeln. Den Ingwer schälen und reiben. Papaya, Ingwer, Chilisauce, Essig, Limettensaft und Thai-Basilikum in einen Mixer geben und zu einer glatten Sauce mixen. In eine Schüssel umfüllen, abdecken und bis zum Servieren in den Kühlschrank stellen.

Für die Frühlingsrollen die Avocado schälen, halbieren, den Kern entfernen und das Fruchtfleisch der Länge nach in Scheiben schneiden. Mit etwas Limettensaft beträufeln, damit es nicht braun wird. Das Gemüse putzen, waschen und in sehr dünne Scheiben, feine Würfel oder dünne Stifte schneiden. Die Kräuter waschen, trocken schütteln und die Blätter abzupfen.

Eine flache Schüssel (so groß, dass die Reisblätter hineinpassen) mit warmem Wasser füllen. Die Reispapierblätter nacheinander je 5-10 Sek. hineinlegen, wieder herausnehmen und auf die Arbeitsfläche legen.

Jedes Reispapierblatt am linken Rand mit 1-2 Scheiben Avocado, etwas Gemüse und Kräuterblättern belegen. Mit Salz und Pfeffer würzen. Den oberen und den unteren Rand über die Füllung legen und das gefüllte Blatt fest aufrollen, ohne es zu zerreißen.

Auf diese Weise alle Reispapierblätter füllen, aufrollen und auf eine Servierplatte legen. Die Papayasauce abschmecken und dazu servieren.

VEGANE HOT DOGS

Hot Dogs waren während meiner Zeit in New York meine Lieblingsspeise. Nun habe ich mich an veganen Hot Dogs probiert, um zu sehen, ob das funktioniert. Und ja, es funktioniert, und was natürlich auch sehr wichtig ist: es schmeckt. Das Einzige, was fehlt, ist die Atmosphäre von Manhattan.

Für 4 Personen
Zubereitungszeit: 45 Min.
Pro Portion ca. 580 kcal,
23 g E, 22 g F, 68 g KH

150 ml Haferdrink
1 EL Apfelessig
1 EL gemahlene Leinsamen
150 g Maismehl
150 g Mehl
1 TL Salz
1½ TL Backpulver
¼ TL Cayennepfeffer
1 EL Agavendicksaft
ca. 500 ml Öl zum Frittieren
8 vegane Hotdogs (Fertigprodukt)
8 Holzspieße

Haferdrink und Essig in einer Schüssel mischen und ca. 10 Min. ruhen lassen (daraus wird vegane Buttermilch). Die Leinsamen in eine andere Schüssel geben, mit 2 EL Wasser vermischen und ca. 10 Min. ruhen lassen (daraus wird veganes Ei).

Maismehl, Mehl, Salz, Backpulver und Cayennepfeffer in einer Schüssel verrühren. Die Mischung ca. 10 Min. ruhen lassen. Die vegane Buttermilch, das Leinsamen-Ei und den Agavendicksaft dazugeben und alles mit einem Schneebesen gut verrühren.

Das Öl in eine Fritteuse oder einen großen schweren Topf geben und auf 175° erhitzen. Den Teig in 8 Portionen teilen und mit jeder Portion 1 Hotdog einhüllen. Jeden Hotdog auf 1 Spieß stecken. Die Hotdogs am Spieß in das heiße Öl halten und je 3-5 Min. braten, bis der Teig goldbraun ist.

ZUCCHINI-»DÜRÜM«

In der Türkei bekommt man seinen Döner meistens als Dürüm serviert: einen frisch gebackenen Teigfladen, lecker gefüllt.

Für 4 Personen
Zubereitungszeit: 1 Std.
Pro Portion ca. 975 kcal,
27 g E, 64 g F, 70 g KH

2 Zucchini
100 g Kichererbsen (aus der
Dose)
100 g Feta (Schafskäse)
50 g Parmesan
2 Frühlingszwiebeln
2 Stängel Minze
50 g Sonnenblumenkerne
50 g Kichererbsenmehl
1 Ei
Cayennepfeffer
¼ TL Backpulver
100 ml Olivenöl
100 g Mayonnaise
2 TL gemahlener Kreuz-
kümmel
1 TL Zitronensaft
Salz, Pfeffer
1 Rote Bete (vorgegart)
2 Tomaten
1 Handvoll Koriandergrün
50 g Baby-Blattspinat
4 Dürüm-Wraps (türk. Supermarkt)

Die Zucchini putzen, waschen und grob raspeln. Die Raspel gründlich ausdrücken und in eine Schüssel geben. Die Kichererbsen abtropfen lassen, fein hacken und dazugeben. Den Feta zerbröckeln und hinzufügen. Den Parmesan reiben und dazugeben.

Die Frühlingszwiebeln putzen, waschen und fein hacken. Die Minze waschen, trocken schütteln und fein hacken. Frühlingszwiebeln, Minze und Sonnenblumenkerne zu den Zucchiniraspeln geben und alles gut vermischen.

In einer großen Schüssel Kichererbsenmehl, Ei, 1 Prise Cayennepfeffer und Backpulver mit 100 ml Wasser glatt rühren. Die Zucchinimischung unterheben und die Mischung zugedeckt ca. 15 Min. in den Kühlschrank stellen.

Etwas Olivenöl in einer Pfanne erhitzen. Ein Viertel der Zucchinimischung hineingeben, bei mittlerer Hitze ca. 3 Min. braten, wenden und weitere 3 Min. braten, bis sie goldbraun ist. Herausnehmen, wieder Öl in die Pfanne geben und die nächste Portion braten. Auf diese Weise 4 Portionen braten.

Mayonnaise, Kreuzkümmel und Zitronensaft in einer Schüssel verrühren und mit Salz und Pfeffer würzen. Die Rote Bete in Scheiben schneiden. Die Tomaten waschen und ohne den Stielansatz in Scheiben schneiden. Koriandergrün und Spinat waschen und fein hacken.

Die Wraps in einer großen Pfanne kurz erhitzen. 1 EL Gewürzmayonnaise auf jedem Wrap verstreichen und jeweils mit 1 Portion Zucchini und einem Viertel der Rote-Bete- und Tomatenscheiben belegen. Mit Koriander- und Spinatblättern garnieren.

Die Wraps aufrollen und in Butterbrotpapier und Alufolie einwickeln. Zum Essen das Papier oben aufreißen. Dazu schmeckt Joghurtsauce: Dafür Joghurt mit Schnittlauch und Kresse verrühren und mit Salz und Pfeffer würzen.

KIMCHI-CHEESE-SANDWICH

Noch ein Tag in Seoul, noch ein sehr leckeres, authentisches koreanisches Street-Food-Sandwich. Das Kimchi ist echt speziell und macht das Sandwich zu etwas ganz Besonderem. Man sollte sich langsam daran gewöhnen, wenn man es noch nie gegessen hat. Mein Tipp: die Menge ganz langsam steigern.

Für 2 Personen
Zubereitungszeit: 20 Min.
Pro Portion ca. 965 kcal,
37 g E, 55 g F, 76 g KH

1 Knoblauchzehe
2 EL gesalzene Butter
1 EL weißer Sesam
150 g scharfer Cheddar
75 g Havarti-Käse
150 g Kimchi (Fertigprodukt)
4 dicke Scheiben Sauerteigbrot
2 EL Gochujang (korean. Chilipaste; Asialaden)
1 kleine Handvoll Basilikumblätter
1 EL flüssiger Honig

Außerdem:
Schnittlauchröllchen
Meersalz

Den Knoblauch schälen und fein reiben. In einer Schüssel mit der Butter und dem Sesam vermischen. Beide Käsesorten reiben, das Kimchi grob hacken.

Die Brotscheiben auf einer Seite mit Sesam-Knoblauch-Butter bestreichen. 2 Brotscheiben auf der anderen Seite mit je 1 EL Gochujang bestreichen. Den gesamten geriebenen Käse, Kimchi und Basilikumblätter gleichmäßig darauf verteilen. Die anderen 2 Brotscheiben mit der gebutterten Seite nach oben darauflegen.

Die Sandwiches nacheinander in einer Pfanne pro Seite in ca. 5 Min. goldbraun braten und mit Honig beträufeln. Herausnehmen und mit Schnittlauch und Meersalz bestreuen.

KANDIERTE SÜSSKARTOFFELN

Eigentlich war ich nie ein großer Freund von Süßkartoffeln, ich konnte nicht verstehen, warum bei Fast Food der neue Trend, der die Pommes ersetzen sollte, die Süßkartoffel sein soll. Doch nach und nach habe ich richtig Gefallen an ihr gefunden – vor allem mit diesem Rezept.

Für 4 Personen
Zubereitungszeit: 50 Min.
Pro Portion ca. 625 kcal,
5 g E, 10 g F, 128 g KH

4 mittelgroße Süßkartoffeln
40 g gesalzene Butter
200 g Zucker
1 TL reiner Vanilleextrakt
¼ TL frisch geriebene Muskatnuss

Außerdem:
2 Spitztüten für Pommes

Die Süßkartoffeln schälen und quer in ca. 5 mm dünne Scheiben schneiden. Die Süßkartoffelscheiben in einen großen Topf geben und mit Wasser bedecken. Die Herdplatte auf große Hitze stellen. Butter, Zucker, Vanilleextrakt und Muskatnuss zu den Süßkartoffeln geben.

Das Wasser zum Kochen bringen und einen Deckel auflegen. Die Süßkartoffelscheiben ca. 15 Min. garen, bis sie weich sind. Den Deckel abnehmen und die Süßkartoffelscheiben weitere 20–25 Min. garen, bis das Wasser verdampft ist und ein süßer Sirup auf den Kartoffeln verbleibt.

Die kandierten Süßkartoffeln in Spitztüten für Pommes füllen und mit kleinen Gäbelchen essen.

Kumpir essen in Istanbul! Im Stadtteil Ortaköy stehen kleine, bunte Verkaufswägen in einer langen Linie aneinandergereiht, und je mehr Menschen an einem Wagen Schlange standen, umso besser schmeckte es dort, das wussten wir. Als Kind hatte ich meine eigene Lieblingsvariation von Kumpir, mit der Zeit hat sich mein Geschmack geändert und ich habe dieses feine Rezept entwickelt.

Für 2 Personen
Zubereitungszeit: 30 Min.
Garzeit: 1 Std.
Pro Portion ca. 645 kcal,
40 g E, 29 g F, 48 g KH

2 große Kartoffeln
100 g Steinpilze (ersatzweise gemischte Pilze)
2 EL Olivenöl
50 g Mais (aus der Dose)
50 g schwarze Oliven (entsteint)
½ Bund Rucola
1 Zitrone
100 g Camembert
125 g Kidneybohnen
Salz, Pfeffer
1 EL Essig
2 Eier

Den Backofen auf 200° vorheizen. Die Kartoffeln waschen und rundherum mehrfach mit einer Gabel einstechen. Einzeln in Alufolie wickeln, auf den Ofenrost legen und ca. 1 Std. garen.

Inzwischen Pilze putzen, trocken abreiben und in Scheiben schneiden. 1 EL Olivenöl in einer Pfanne erhitzen. Pilze, Mais und Oliven darin leicht andünsten. Den Rucola verlesen, waschen und trocken schütteln. Mit Zitronensaft und übrigem Olivenöl (1 EL) mischen. Den Camembert in Scheiben schneiden und die Kidneybohnen abgießen.

Die Kartoffeln herausnehmen und kurz abkühlen lassen. Die Folie öffnen, die Kartoffeln längs aufschneiden und mit Camembert und Kidneybohnen befüllen. Mit Salz und Pfeffer würzen und weitere ca. 5 Min. (mit offener Folie) im Ofen backen, bis der Käse geschmolzen ist.

Wasser in einem Topf aufkochen, die Hitze reduzieren und den Essig dazugeben. Das Wasser mit einem Löffel in eine langsam kreisende Bewegung bringen (so bleiben die Eier in Form). Die Eier einzeln in Schälchen aufschlagen und nacheinander in das Wasser gleiten lassen. 3-4 Min. ziehen lassen, bis das Eiweiß fest geworden ist. Mit einer Schaumkelle herausnehmen und auf Küchenpapier abtropfen lassen.

Die Kartoffeln auf Teller geben, mit der Pilzmischung und Rucola belegen, was zu viel ist, darf danebenfallen. Die gefüllten Kartoffeln mit den pochierten Eiern toppen.

KUMPIR »EINMAL MIT ALLES«

TOAST »POPEYE«

Ich liebe Toast. In allen Variationen. Meine Mutter packte den Spinat wie in diesem Rezept immer in den Toast hinein, weil ich das Gemüse so ganz pur nicht mochte. Daher kommt der Name Toast »Popeye«.

Für 4 Personen
Zubereitungszeit: 30 Min.
Pro Portion ca. 655 kcal,
23 g E, 31 g F, 73 g KH

1 Zwiebel
4 EL Olivenöl
150 g TK-Blattspinat
1 TL edelsüßes Paprikapulver
Salz, Pfeffer
150 g Kasar-Käse (türk.
Supermarkt; ersatzweise
Gouda)
1 Ochsenherztomate oder
große Fleischtomate
1 großes ovales Fladenbrot
1 EL Chiliflocken
2 EL Ketchup
2 EL Mayonnaise
2 EL Butter

Die Zwiebel schälen und fein würfeln. Das Öl in einer Pfanne erhitzen und die Zwiebel darin andünsten. Den Spinat und 2 EL Wasser dazugeben und den Spinat zugedeckt ca. 10 Min. dünsten, bis er aufgetaut ist. Den Deckel abnehmen und den Spinat ca. 5 Min. weitergaren, bis die Flüssigkeit verdampft ist.

Den Spinat mit Paprikapulver, Salz und Pfeffer würzen. Den Kasar-Käse in Scheiben schneiden. Die Tomate waschen und ohne den Stielansatz in Scheiben schneiden.

Das Fladenbrot vierteln und die Viertel quer aufschneiden. Die Innenseiten der unteren Brotviertel in einer großen Pfanne, einer Grillpfanne oder auf dem Grill kurz anrösten.

Die Brotstücke mit Spinat und Käsescheiben belegen und mit Chiliflocken bestreuen. Die Tomatenscheiben darauflegen. Mit Ketchup und Mayo dünn bestreichen. Obere Brotviertel darauflegen und gut andrücken. Die Brote in der Grillpfanne, einer großen Pfanne oder auf dem heißen Grill pro Seite ca. 2 Min. knusprig rösten. Mit der Butter bestreichen und nochmal kurz rösten. Die Toasts in Butterbrotpapier einpacken und servieren.

Essaouira in Marokko. Ich werde diese Stadt nie vergessen. Auf der Suche nach Orangensaft traf ich einen alten Mann an einer Straßenecke, der frisch gepressten Saft und Briouats verkaufte. Fünf Stück waren die Mindestabnahme, ich probierte, verschlang sie mit Begeisterung und spülte sie mit dem besten und frischesten Orangensaft runter.

Für ca. 12 Stück
Zubereitungszeit: 1 Std.
15 Min.
Pro Stück: ca. 185 kcal,
2 g E, 12 g F, 18 g KH

Für die Briouats:
125 g ganze Mandeln (ersatz-
weise gemahlene Mandeln)
50 g Zucker
Salz
Zimtpulver
15 g Butter
10 ml Orangenblütenwasser
100 g Filoteig
ca. 500 ml Öl zum Frittieren

Für den Orangenhonig:
125 g Honig
½ TL Orangenblütenwasser
Pfeffer

Die Mandeln in kochendem Wasser ca. 5 Min. blanchieren. Abgießen, kalt abschrecken und häuten. Die Hälfte der Mandeln in einer Pfanne ca. 5 Min. rösten. Die übrigen Mandeln gut trocknen lassen.

Alle Mandeln in einer Küchenmaschine fein zerkleinern. Den Zucker dazugeben und beides zu einer bröseligen Paste verarbeiten. 1 Prise Salz, 1 Prise Zimt, die Butter und das Orangenblütenwasser hinzufügen und die Masse mit angefeuchteten Händen verkneten.

Den Filoteig der Länge nach in 5 cm breite Streifen schneiden, sie sollten ca. 35 cm lang sein. 1 TL Füllung unterhalb der oberen Schmalseite auf den Teig setzen. Die Teigecke von rechts oben nach links unten über die Füllung legen, sodass man ein Dreieck erhält. Das Dreieck auf dem Teigstreifen nach unten klappen. Linke obere Kante des Dreiecks nach rechts unten einschlagen. Die Füllung etwas andrücken, sodass sie sich gleichmäßig verteilt.

Auf diese Weise den Teigstreifen bis unten falten. Mit der übrigen Füllung und den übrigen Teigstreifen ebenso verfahren. Fertig geformte Briouats beiseitelegen.

Für den Orangenhonig Honig und Orangenblütenwasser erhitzen und 1 Prise Pfeffer unterrühren.

Das Öl in einem großen Topf auf 180° erhitzen. Die Briouats darin portionsweise in ca. 1 Min. goldbraun frittieren. Mit einer Schaumkelle herausheben, auf Küchenpapier entfetten und im Orangenhonig wenden. Alle Briouats so zubereiten und auskühlen lassen.

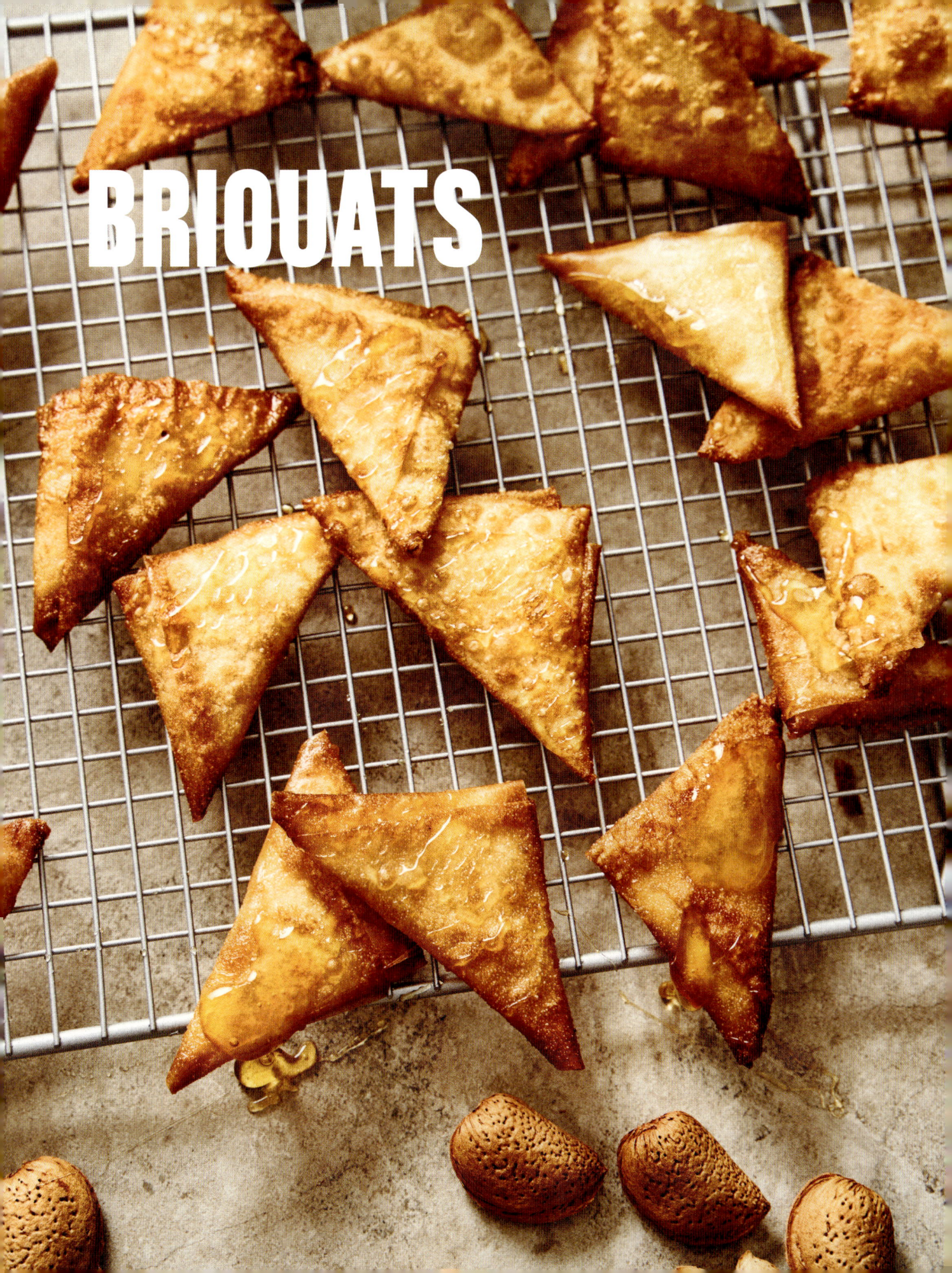

BRIOUATS

BURRATA-ERDBEER-SANDWICH

Schnell, einfach, megalecker. Ich kann auf vieles verzichten, aber nicht auf Käse und schon gar nicht auf Tomaten. Die Kombination von beidem auf geröstetem Brot, und dazu noch reife Erdbeeren, ergibt ein schnelles, einfaches und sehr leckeres Sandwich. Zutaten in Top-Qualität vorausgesetzt!

Für 4 Personen
Zubereitungszeit: 20 Min.
Pro Portion ca. 605 kcal,
20 g E, 39 g F, 35 g KH

1 Ciabatta
8 EL Basilikumpesto
400 g bunte Kirschtomaten
1 Knoblauchzehe
4 EL Olivenöl
4 EL Aceto balsamico
1 EL frisch gehackter Thymian
Meersalz, Pfeffer
100 g Erdbeeren
4 kleine Kugeln Burrata-Käse (à 75 g)
Basilikumblätter zum Garnieren

Den Backofen auf 180° vorheizen. Das Ciabatta längs halbieren und das Pesto auf den Schnittflächen verstreichen. Die Hälften auf ein mit Backpapier belegtes Backblech legen und im Ofen 10-15 Min. backen, bis sie goldbraun geröstet sind. Herausnehmen und quer halbieren.

Inzwischen die Tomaten waschen, halbieren und in eine Schüssel geben. Den Knoblauch schälen, fein hacken und dazugeben. Olivenöl, Essig und Thymian hinzufügen und gut mit den Tomaten mischen. Mit Meersalz und Pfeffer würzen. Die Erdbeeren waschen, den Strunk entfernen und die Früchte längs halbieren.

Je 1 Burrata über jedem Ciabatta-Viertel mit den Händen aufbrechen und gleichmäßig darauf verteilen. Die Tomaten und die Erdbeeren darauflegen. Die Sandwiches mit Meersalz und Pfeffer würzen und mit Basilikum bestreuen.

LOKMA

Kindheitserinnerungen kommen hoch, wenn ich daran denke, wie meine Mutter uns die leckeren Lokma zubereitet hat. Es gab immer viel mehr, als wir gleich essen konnten, weil sie am nächsten Tag genauso gut schmecken. Wir haben sie also am Abend, zum Frühstück oder auch mal zwischendurch gegessen. Ich mag die Variante ohne Zucker lieber und genieße Lokma mit Schafskäse.

Für 4 Personen
Zubereitungszeit: 45 Min.
Gehzeit: 4 Std.
Pro Portion ca. 785 kcal,
17 g E, 14 g F, 148 g KH

1 EL aktive Trockenhefe
1 EL Zucker
600 g Mehl (Type 405)
1 TL Salz

Außerdem:
Mehl zum Arbeiten
ca. 500 ml Öl zum Frittieren
Zucker, Marmelade oder Feta
(Schafskäse) zum Servieren

Hefe, Zucker und 90 ml lauwarmes Wasser in einer kleinen Schüssel mischen. Die Schüssel an einen warmen Ort stellen und die Hefe ca. 15. Min. gehen lassen, bis sich kleine Bläschen an der Oberfläche bilden.

In einer großen Schüssel oder einem Standmixer Mehl, Salz, die Hefemischung und 90 ml lauwarmes Wasser verrühren. Die Zutaten ca. 10 Min. mit dem Knethaken oder von Hand auf einer bemehlten Arbeitsfläche kneten. Der Teig ist zunächst klebrig, je länger geknetet wird, desto glatter wird er. Nicht mehr Mehl hinzufügen.

Den Teig wieder in die Schüssel geben und diese mit Frischhaltefolie abdecken. Den Teig 3–4 Std. gehen lassen, bis sich das Volumen verdreifacht hat.

Das Öl in einem hohen Topf auf 180° erhitzen. Eine Hand befeuchten und damit Stücke vom Teig abziehen, die ungefähr so groß sind wie ein kleiner Pfirsich. In die Mitte der Teigportion mit einem Finger ein Loch stechen und den Teig ein wenig rollen, bis die Form einem Bagel ähnelt.

Die Lokma im heißen Öl ca. 3 Min. frittieren, wenden und weitere 2 Min. frittieren, bis sie goldbraun und aufgebläht ist. Mit einem Schaumlöffel herausnehmen und auf Küchenpapier entfetten. Alle Lokma nacheinander formen und immer sofort im Öl frittieren. Es werden ca. 12 Stück.

Warme Lokma nach Belieben in Zucker tauchen und servieren. Oder mit Marmelade oder Feta genießen.

AUF DIE

SCHNELLE

PASTINAKENSUPPE

Pastinaken sind nicht so verbreitet wie Möhren, enthalten aber noch mehr Vitamin C und Kalium als diese, außerdem viele andere Vitamine, die unserem Körper sehr guttun. Gut verdaulich sind sie auch. Eine Allzweckwaffe, die besonders zur Winterzeit verfügbar ist und uns wärmt und stärkt.

Für 2 Personen
Zubereitungszeit: 30 Min.
Pro Portion ca. 215 kcal,
3 g E, 11 g F, 26 g KH

150 g Pastinaken
150 g Kartoffeln
1 Zwiebel
1 Birne
1 Stück Ingwer (ca. 3 cm)
1 EL Öl
Salz, Pfeffer
1 TL Currypulver
1 EL Sesamöl zum Beträufeln

Pastinaken, Kartoffeln, Zwiebel und Birne schälen. Die Gemüse in grobe Stücke schneiden, die Birne vierteln, entkernen und ebenfalls in Stücke schneiden. Den Ingwer schälen und fein hacken.

Das Öl in einem großen Topf erhitzen. Die Zwiebel dazugeben und kurz anbraten, den Ingwer hinzufügen und ein paar Minuten mitbraten.

Pastinaken-, Kartoffel- und Birnenstücke dazugeben und ca. 1 Min. unter Rühren anbraten. Ca. 250 ml Wasser dazugießen, sodass alle Zutaten bedeckt sind. Die Suppe kurz aufkochen, dann zugedeckt bei mittlerer Hitze ca. 20 Min. köcheln lassen.

Die Suppe mit dem Pürierstab im Topf pürieren und mit Salz, Pfeffer sowie dem Currypulver abschmecken. Auf Schüsseln verteilen und mit dem Sesamöl beträufeln.

TOMATENCREME-SUPPE

Jedes Mal beim Italiener ist die Tomatencremesuppe aus frischen und getrockneten Tomaten meine liebste vegetarische Vorspeise. Ich habe sie zuhause mit Mandeldrink gemacht und sie hat in dieser Variante noch feiner und auch gesünder geschmeckt.

Für 2 Personen
Zubereitungszeit: 40 Min.
Pro Portion ca. 270 kcal,
8 g E, 18 g F, 18 g KH

1 Zwiebel
2 Knoblauchzehen
3 Möhren
100 g getrocknete Tomaten
200 g Kirschtomaten
Olivenöl
Salz
400 ml Mandeldrink
1 Gemüsebrühwürfel

Zwiebel und Knoblauch schälen und hacken. Die Möhren putzen, waschen und in Würfel schneiden. Die getrockneten Tomaten grob hacken. Die Kirschtomaten waschen und klein schneiden.

Einen Topf bei mittlerer Hitze aufsetzen und 1 Schuss Olivenöl hineingeben. Zwiebel, Knoblauch, Möhren und 1 Prise Salz hinzufügen und das Gemüse in ca. 10 Min. weich garen. Getrocknete Tomaten und Kirschtomaten hinzufügen und weitere 10 Min. garen. Den Mandeldrink dazugießen, alles gut verrühren und zum Kochen bringen. Den Brühwürfel dazugeben und in der heißen Suppe auflösen. Die Suppe bei kleiner Hitze ca. 10 Min. köcheln lassen.

Die Suppe mit einem Pürierstab im Topf fein pürieren. Auf Schüsseln verteilen und warm mit Baguette genießen.

Als ich in der Hotellerie arbeitete, habe ich nachts mal spontan auf speziellen Wunsch eines Gastes eine vegetarische Variante des Sandwiches zubereitet. Und siehe da, der Gast bestellte es jeden Tag wieder!

Für 2 Personen
Zubereitungszeit: 30 Min.
Pro Portion ca. 580 kcal,
17 g E, 24 g F, 68 g KH

1 Tomate
1 rote Spitzpaprika
1 kleine Aubergine
1 kleiner Zucchino
4 Blätter Kopfsalat
2 EL Olivenöl
Salz, Pfeffer
2 EL Chiliflocken
½ Bund Schnittlauch
1 Kästchen Kresse
4 EL fester Joghurt
6 große Scheiben Sandwich-
brot
6 TL grünes Pesto

Außerdem:
Holzspießchen

Tomate, Paprika, Aubergine und Zucchino waschen. Die Tomate ohne den Stielansatz in Scheiben schneiden, die Paprika putzen und in Ringe schneiden. Aubergine und Zucchino putzen und längs in dünne Scheiben schneiden. Den Salat ebenfalls waschen und gut abtropfen lassen.

Das Öl in einer Grillpfanne erhitzen. Paprika, Aubergine und Zucchini darin portionsweise 2–3 Min. braten und mit Salz, Pfeffer sowie Chiliflocken würzen.

Den Schnittlauch waschen, trocken schütteln und grob zerkleinern. Mit der Hälfte der Kresse, Salz und Pfeffer in einen hohen Rührbecher geben. Den Joghurt hinzufügen und alle Zutaten mit einem Pürierstab glatt pürieren.

Die Sandwichscheiben mit Pesto bestreichen. 1 Scheibe mit Salat und Gemüse belegen. Die nächste Scheibe darauflegen und mit Gemüse, Tomatenscheiben und der Hälfte der übrigen Kresse belegen. Mit Joghurtsauce beträufeln und mit der dritten Sandwichscheibe abdecken.

Das zweite Sandwich ebenso zubereiten und beide Club Sandwiches diagonal halbieren. Mit Spießchen fixieren und servieren.

SPICY VEGGIE CLUB SANDWICH

GEMÜSE-CARPACCIO

Ein Gericht, das ich so ähnlich vor ein paar Jahren in Paris bei Alain Passard im »l'Arpège« gegessen habe. Das Gemüse war aus seinem eigenen Garten, von bester Qualität, dazu seine Zubereitungs- und Anrichteweise, ein Traum! Seitdem ist mir die Idee, Gemüse als Carpaccio anzurichten, nicht aus dem Kopf gegangen.

Für 4 Personen
Zubereitungszeit: 30 Min.
Pro Portion ca. 360 kcal,
8 g E, 30 g F, 12 g KH

500 g kleine grüne und gelbe Zucchini
250 g Gelbe Bete
250 g marmorierte Bete
2 Bio-Zitronen
100 ml Olivenöl
Salz, Pfeffer
100 g Rucola
100 g Feta (Schafskäse)

Die Zucchini putzen und waschen. Die Gelbe Bete und die marmorierte Bete putzen und schälen. Alle Gemüse mit einem Gemüsehobel oder einer Mandoline der Länge nach in sehr dünne Scheiben schneiden. Auf einer Servierplatte oder auf Tellern anrichten.

Die Zitronen heiß waschen und abtrocken. 2 TL Schale abreiben, die Zitronen halbieren und 2 EL Saft auspressen. Zitronenschale und -saft mit dem Öl in einer Schüssel verquirlen und mit Salz und Pfeffer würzen.

Den Rucola verlesen und waschen, grobe Stiele entfernen, große Blätter klein zupfen. Den Feta zerbröckeln. Rucola und Feta über das Gemüse streuen, alles mit dem Dressing beträufeln und vor dem Servieren mit Pfeffer übermahlen.

Ich war lange Zeit kein Freund von Halloumi. In Griechenland bekam ich den Käse dann mal versehentlich auf den Tisch gestellt. Augen zu und durch, dachte ich mir. Und es war wie eine Offenbarung. Kein Gequietsche und kein langes Gekaue. Einfach wunderbar – frittiert, leicht scharf und die Inspiration für dieses Gericht.

Für 4 Personen
Zubereitungszeit: 30 Min.
Pro Portion ca. 665 kcal,
35 g E, 40 g F, 42 g KH

2 Scheiben Halloumi
(à 200 g)
50 g Parmesan
100 g Semmelbrösel
3 EL weißer Sesam
½ TL edelsüßes Paprikapulver
Pfeffer
2 Eier
natives Olivenöl extra
75 g flüssiger Honig
1 EL Ahornsirup
Chiliflocken
Meersalz

Den Ofen auf 220° vorheizen und ein Backblech mit Backpapier belegen.

Den Halloumi in Würfel schneiden. Den Parmesan reiben und in eine Schüssel geben. Semmelbrösel, Sesam, Paprikapulver sowie 1 Prise Pfeffer hinzufügen und alles gut vermischen. Die Eier in einer anderen Schüssel verquirlen. Den Halloumi zu den Eiern geben und hineindrücken, damit die Käsewürfel rundherum mit Ei überzogen sind.

Die Käsewürfel nacheinander aus dem Ei heben (mit den Fingern oder einer Gabel) und durch die Semmelbröselmischung ziehen. Auf dem Backblech verteilen und mit etwas Olivenöl beträufeln. Das Blech in den Ofen schieben und die Halloumi-Würfel ca. 10 Min. backen, wenden und weitere ca. 10 Min. backen, bis sie goldbraun und knusprig sind.

Inzwischen Honig, Ahornsirup, 1 große Prise Chiliflocken und Meersalz zu einem Dip verrühren.

Die Halloumi-Würfel aus dem Ofen nehmen, auf Teller verteilen und mit dem Honigdip beträufeln.

HALLOUMI-HÄPPCHEN

GRÜNER MANGOSALAT

Kohl und Mango, das passt auf den ersten Blick vielleicht nicht zusammen, aber glauben Sie mir, die Kombination ist echt ein absoluter Knaller. Die Knackigkeit des Kohls und die Süße der Mango mit allen anderen Zutaten vereint macht diesen Salat zu einem ehrlichen und köstlichen Superfood.

Für 2 Personen
Zubereitungszeit: 30 Min.
Pro Portion ca. 315 kcal,
4 g E, 23 g F, 23 g KH

40 g Pinienkerne
10 mittelgroße Weißkohl-
blätter
1 nicht ganz reife Mango
1 rote Zwiebel
2 EL Weißweinessig
2 EL Olivenöl
Salz
getrockneter Oregano

Die Pinienkerne in einer beschichteten Pfanne ohne Fett vorsichtig rösten, dabei aufpassen, dass sie nicht anbrennen.

Die Kohlblätter gründlich waschen. Die Stielenden entfernen und die harten Blattrippen aus den großen Blättern herausschneiden. Die Kohlblätter aufeinanderlegen, aufrollen und in dünne Streifen schneiden.

Die Kohlstreifen in eine Schüssel geben, mit kaltem Wasser bedecken und ca. 10 Min. ruhen lassen. Auf diese Weise wird das Bittere aus dem Kohl entfernt.

Inzwischen die Mango schälen, das Fruchtfleisch vom Stein schneiden und würfeln. Die Zwiebel schälen, halbieren und in feine Streifen schneiden. Den Kohl aus dem Wasser nehmen, abtropfen lassen und in eine Schüssel geben. Mango, Zwiebel und Pinienkerne dazugeben, alles gut mischen und mit Essig, Olivenöl, Salz und Oregano würzen.

CAESAR SALAD
»NO MEAT«

Während meiner Zeit in der Luxushotellerie habe ich mir nachts öfter mal einen Caesar Salad bestellt, immer ohne Sardellen oder Speck. Dafür mit Steinpilzen, die bringen viel Umami-Geschmack. Sensationell!

Für 4 Personen
Zubereitungszeit: 30 Min.
Pro Portion ca. 570 kcal,
12 g E, 53 g F, 9 g KH

500 g Mini-Romanasalat
150 g Steinpilze
80 g Parmesan
3 EL Butter
3 Scheiben Toastbrot
2 Knoblauchzehen
1 TL scharfer Senf
1 Eigelb
2 EL Weißweinessig
150 ml Öl
Salz, Pfeffer
1 EL Zitronensaft

Die Salate putzen, waschen, trocken schleudern und in mundgerechte Stücke zupfen. Die Steinpilze putzen, mit einem Tuch abreiben und in dünne Scheiben schneiden. 50 g Parmesan hobeln. 1 EL Butter in einer Pfanne erhitzen, die Steinpilze dazugeben und kurz schwenken. Die Pfanne beiseitestellen.

Das Toastbrot in kleine Würfel schneiden. Die übrige Butter (2 EL) in einer Pfanne schmelzen und die Brotwürfel darin unter ständigem Rühren goldbraun braten. Beiseitestellen.

Für das Dressing den Knoblauch schälen und grob zerkleinern. Den übrigen Parmesan (30 g) reiben. Den Knoblauch mit Senf, Eigelb und Essig im Mixer gründlich mixen. Das Öl langsam dazufließen lassen. Das Dressing mit Salz, Pfeffer und Zitronensaft würzen. Den Parmesan untermixen.

Die Salatblätter auf vier Tellern verteilen, die Croûtons, die Steinpilze und die Parmesanspäne darauf anrichten. Mit dem Dressing beträufeln und servieren.

WASSERMELONEN-FETA-SALAT

August, Urlaubszeit, Türkeizeit. Viele Jahre ging es in den Sommerferien zuerst zu den Verwandten und dann ins Ferienhaus am Meer. Auf diesen Salat habe ich mich immer total gefreut. Die Melone gab es am Straßenrand, den Feta am Kiosk um die Ecke. Die Kombi: herrlich erfrischend. Die Erinnerung: unvergesslich.

Für 4 Personen
Zubereitungszeit: 30 Min.
Pro Portion ca. 395 kcal,
10 g E, 30 g F, 17 g KH

Für den Salat:
1 Stück Wassermelone
(ca. 700 g)
250 g Kirschtomaten
2 kleine Gurken
150 g Feta (Schafskäse)
200 g Kalamata-Oliven (nach
Belieben entsteint)

Für die Vinaigrette:
100 g Basilikum
½ Bund Schnittlauch
2 EL Olivenöl
3 EL Aceto balsamico
Saft von 1 Zitrone
2 TL flüssiger Honig
Meersalzflocken
Pfeffer

Für den Salat die Schale von der Melone abschneiden, die Kerne entfernen und das Fruchtfleisch würfeln. Die Kirschtomaten waschen und halbieren. Die Gurken putzen, waschen und in Würfel schneiden. Den Feta ebenfalls würfeln. Melone, Tomate, Gurke und Feta sowie die Oliven in einer Salatschüssel anrichten.

Für die Vinaigrette das Basilikum waschen und trocken schütteln, die Blätter abzupfen und klein schneiden. Den Schnittlauch waschen, trocken schütteln und in Röllchen schneiden. Olivenöl, Essig, Zitronensaft und Honig in einer Schüssel verquirlen. Basilikum und Schnittlauch dazugeben und die Vinaigrette mit Meersalz und Pfeffer würzen.

Die Vinaigrette über den Salat träufeln. Den Salat mit Meersalzflocken und Pfeffer abschmecken und servieren.

CEVICHE DE VERDURAS

Ceviche mal anders. Anstatt frischer Fisch wird hier Gemüse würzig mariniert. Das perfekte Rezept, wenn man auf Fisch verzichten möchte und sich leckeres Sommergemüse auf eine neue Art wünscht.

Für 2 Personen
Zubereitungszeit: 25 Min.
Marinierzeit: 15 Min.
Pro Portion ca. 480 kcal,
19 g E, 37 g F, 15 g KH

½ **rote Zwiebel**
Salz
3 Limetten
1 rote Paprika
100 g Mais (aus der Dose)
1 EL Aji-Amarillo-Chilipaste
(Onlinehandel; oder andere
Chilipaste)
1 Avocado
150 g Mozzarella
Salz, Pfeffer
1 kleine Handvoll Koriander-
blätter

Die Zwiebelhälfte schälen und in sehr dünne Scheiben schneiden. In eine Schüssel mit Salzwasser legen. 1 Limette halbieren, die Hälften auspressen und den Saft hinzufügen. Die Zwiebel ca. 20 Min. marinieren.

Inzwischen die Paprika waschen, halbieren, Trennwände und Kerne entfernen und die Hälften fein würfeln. Mit dem Mais in eine Schüssel geben und die Chilipaste unterrühren. Die Avocado halbieren, schälen, den Kern entfernen und das Fruchtfleisch klein würfeln. Den Mozzarella ebenfalls würfeln und beides dazugeben. Die Zwiebel abtropfen lassen und hinzufügen. Die übrigen 2 Limetten halbieren und auspressen. Die Ceviche mit dem Saft würzen und mit Salz und Pfeffer abschmecken.

Die Schüssel mit Frischhaltefolie abdecken und die Ceviche im Kühlschrank ca. 15 Min. marinieren lassen. Die Korianderblätter grob hacken und vorsichtig unterheben.

BELUGA-TOFU-BOWL

Ein Hammergericht ist das, ein echter Immun- und Energie-Booster für jede Tageszeit. Wenn ich mich mal schlapp fühle und es schnell gehen muss, das perfekte Rezept. Schmeckt übrigens auch ohne Tofu sehr lecker.

Für 4 Personen
Zubereitungszeit: 30 Min.
Pro Portion ca. 720 kcal,
27 g E, 51 g F, 33 g KH

200 g Belugalinsen
200 g Tofu
3 EL Öl
Salz, Pfeffer
2 Avocados
Saft von 2 Limetten
2 Frühlingszwiebeln
1 Handvoll Erdnüsse
200 g Wachtelbohnen (aus der Dose)
2 EL Sesamöl
4 EL Tahin (Sesampaste)
2 EL schwarzer und weißer Sesam
2 TL Harissa (scharfe Würzpaste)

Die Belugalinsen in kochendes Wasser geben und zugedeckt bei mittlerer Hitze ca. 20 Min. kochen lassen.

Inzwischen den Tofu in kleine Würfel schneiden. Das Öl in einer Pfanne erhitzen und den Tofu darin rundherum scharf anbraten, mit je 1 Prise Salz und Pfeffer würzen und beiseitestellen.

Die Avocados schälen, halbieren und den Kern entfernen. Die Hälften quer in Scheiben schneiden und mit dem Saft von ½ Limette beträufeln, damit das Fruchtfleisch nicht braun wird. Die Frühlingszwiebeln putzen, waschen und klein schneiden. Die Erdnüsse klein hacken oder im Mörser zerdrücken. Die Wachtelbohnen abtropfen lassen, in eine Schüssel geben und das Sesamöl unterrühren. Alle Zutaten bis zum Anrichten beiseitestellen.

Zum Anrichten die Wachtelbohnen, den Tofu und die Belugalinsen auf zwei Bowls verteilen. Das Tahin darübergeben und den Sesam darüberstreuen. Die Avocadoscheiben dazugeben und die Bowl mit Frühlingszwiebeln, Erdnüssen und je 1 TL Harissa toppen.

VEGGIE-TEMPURA

Nach vielen E-Mails hatte ich in Tokio einen Platz zum Mittagessen ergattert bei einem der begehrtesten Tempura-Meister des Landes. Es waren 1 ½ Stunden pures Vergnügen. Das frittierte Gemüse war das Beste, das ich je gegessen habe. Hier eine Annäherung.

Für 2 Personen
Zubereitungszeit: 30 Min.
Pro Portion ca. 620 kcal,
15 g E, 25 g F, 84 g KH

400 g verschiedene Gemüse
(z. B. Süßkartoffel, Brokkoli,
Pilze, Bohnen, Auberginen,
Paprika, grüner Thai-Spargel)
150 g Mehl (Type 405)
2 EL Kartoffelstärke
1 TL Backpulver
1 Ei (L)
ca. 500 ml Öl zum Frittieren

Das Gemüse je nach Sorte putzen, schälen oder waschen und in mundgerechte Stücke schneiden. Brokkoli in Röschen teilen. Längliches Gemüse wie Bohnen, Zuckerschoten und kleine Spargelstangen können ganz bleiben.

Mehl, Kartoffelstärke und Backpulver in einer kleinen Schüssel vermischen. Das Ei und 100 ml eiskaltes Wasser in einer großen Rührschüssel verquirlen. Die Mehlmischung nach und nach unterrühren.

Das Öl in einem großen, schweren Topf auf 200° erhitzen. Sobald es heiß ist, das Gemüse in den Teig tauchen, über der Schüssel gut abtropfen lassen und portionsweise in das Öl geben. Ca. 2 ½ Min. frittieren, wenden und in ca. 2 ½ Min. knusprig goldbraun frittieren. Mit einer Schaumkelle aus dem Öl heben und auf Küchenpapier entfetten. Dazu passt ein Dip aus 200 ml vegetarischer Dashi, 50 ml Sojasauce, 50 ml Mirin und 1 TL Zucker.

THAILÄNDISCHER KARTOFFELSALAT

In unserer Pension auf einer Insel in Thailand gab es jeden Tag göttliches Essen. Wir waren die einzigen Gäste und am letzten Abend machte uns die Chefin »ihren« Kartoffelsalat. Ich muss dringend nochmal hin, allein schon wegen diesem Salat. Ich habe das Rezept nie ganz genauso hinbekommen, aber so ähnlich.

Für 2 Personen
Zubereitungszeit: 30 Min.
Pro Portion ca. 500 kcal,
8 g E, 32 g F, 44 g KH

400 g festkochende Kartoffeln
Salz
2 Mini-Gewürzgurken
1 Möhre
2 rote Zwiebeln
2 Knoblauchzehen
2 Chilischoten
4 EL Sojasauce
1 EL flüssiger Honig
2 EL Reisessig
80 g Mayonnaise
Pfeffer

Die Kartoffeln schälen, würfeln und in Salzwasser in ca. 15 Min. garen. Abgießen und etwas abkühlen lassen.

Inzwischen die Gewürzgurken in dünne Scheiben schneiden. Die Möhre putzen, waschen und in sehr dünne Scheiben schneiden. Die Zwiebeln schälen, längs halbieren und in dünne Halbringe schneiden. Den Knoblauch schälen und durchpressen. Die Chilischoten waschen, halbieren, Trennwände und Kerne entfernen und die Hälften fein hacken. Gurken, Möhre, Zwiebeln, Knoblauch und Chili in eine Schüssel geben. Sojasauce, Honig und 1 TL Essig hinzufügen, alles gründlich vermischen. 150 ml Wasser unterrühren.

Die Kartoffeln in ca. 5 mm kleine Würfel schneiden und mit den anderen Zutaten vermengen. Übrigen Essig (5 TL) und die Mayonnaise unterrühren. Den Salat mit Salz und 1 Prise Pfeffer abschmecken und am besten lauwarm servieren.

Wenn ich an Pfirsich denke, kommt mir als erstes ein Bellini in den Kopf. Doch auch im Salat macht Pfirsich eine gute Figur und ergänzt Tomaten und Burrata mit Frische, Süße und Säure. Viva Italia!

Für 4 Personen
Zubereitungszeit: 30 Min.
Ruhezeit: 1 Std.
Pro Portion ca. 460 kcal,
17 g E, 31 g F, 21 g KH

½ Schalotte
1 Knoblauchzehe
4 EL natives Olivenöl extra
2 EL Aceto balsamico
1 EL Honig
1 TL abgeriebene Bio-Zitronenschale
1 kleine Handvoll Basilikum
3-4 Stängel Oregano
1 Stängel Dill
1-2 Zweige Thymian
Chiliflocken
Salz, Pfeffer
200 g Kirschtomaten
3 Pfirsiche
200 g Kirschen
1 kleine Handvoll Kürbiskerne
4 kleine Burrata-Käse
(à 75 g)
Kräuter zum Garnieren

Schalotte und Knoblauch schälen, die Schalotte fein hacken und den Knoblauch reiben. Beides mit Öl, Essig, Honig und Zitronenschale in eine Schüssel geben. Die Kräuter waschen und trocken schütteln, die Blätter abzupfen, hacken und hinzufügen. Alle Zutaten gut verrühren und mit Chiliflocken, Salz sowie Pfeffer abschmecken.

Die Kirschtomaten waschen, halbieren und in eine große Schüssel geben. Die Pfirsiche waschen, halbieren, vom Stein befreien und in Spalten schneiden. Die Kirschen waschen und entkernen. Beides zu den Tomaten geben und ein Drittel des Dressings untermischen. Den Salat zugedeckt in den Kühlschrank stellen und 1 Std. ruhen lassen.

Die Kürbiskerne in einer Pfanne ohne Fett rösten. Den Salat auf vier Teller oder Schüsseln verteilen und je 1 Burrata über jeder Portion aufbrechen. Mit der restlichen Vinaigrette beträufeln, mit den Kürbiskernen bestreuen und mit Kräutern garnieren. Mit geröstetem Brot servieren.

TOMATEN-BURRATA-SALAT

TEUFELSEIER

Teufelseier habe ich mir gerne während meiner Ausbildungszeit zubereitet, wenn ich am Vorabend länger ausgegangen bin und – unterstützt von einer Bloody Mary – meinen Kater auskurieren musste. Sehr einfach und schnell zuzubereiten, eine Delikatesse.

Für 4 Personen
Zubereitungszeit: 20 Min.
Pro Portion ca. 385 kcal,
25 g E, 30 g F, 5 g KH

12 Eier (L)
2 Jalapeño-Chilischoten
40 g Mayonnaise
3 EL süßes Relish (z. B. Gurken-Relish; aus dem Glas)
1 EL Senf
Salz, Pfeffer
geräuchertes Paprikapulver zum Bestreuen

Die Eier in einem Topf mit wenig Wasser oder in einem elektrischen Eierkocher in ca. 8 Min. hart kochen. Eine Schüssel mit eiskaltem Wasser bereitstellen. Die hart gekochten Eier mit einer Zange aus dem Topf oder Eierkocher nehmen und in das kalte Wasser legen. Ca. 5 Min. abkühlen lassen, dann schälen und längs halbieren.

Die Jalapeño-Chilischoten waschen, halbieren, Trennwände und Kerne entfernen und die Hälften fein hacken. Das gekochte Eigelb aus den Eiweißhälften herauslösen, in eine Schüssel geben und mit einer Gabel gut zerdrücken. Mayonnaise, Jalapeños, das Relish, den Senf, Salz und Pfeffer hinzufügen und rühren, bis die Mischung schön cremig ist.

Die Eigelbmischung mit einem Löffel oder Spritzbeutel in die Eiweißhälften füllen. Die Teufelseier mit geräuchertem Paprikapulver bestreuen und genießen.

Einen Laden nach dem anderen habe ich am Abend in Osaka abgeklappert, um endlich nach zweistündiger Suche Okonomiyaki essen zu können. Die lange Suche hat sich absolut gelohnt, denn frisch zubereitet war er von bester Qualität und bestem Geschmack. Ich würde immer wieder Stunden warten, um in diesen Genuss zu kommen. Die Alternative: selber machen.

Für 2 Personen
Zubereitungszeit: 25 Min.
Pro Portion ca. 335 kcal,
18 g E, 18 g F, 23 g KH

3 Eier
50 g Mehl (Type 405)
50 ml Vollmilch
4 Frühlingszwiebeln
1 Pak Choi
200 g Wirsing
1 rote Chilischote
½ EL Sojasauce
½ EL Öl
1 EL Mayonnaise
Saft von 1 Limette

Eier, Mehl und Milch in einer großen Schüssel zu einem glatten Teig verrühren.

Die Frühlingszwiebeln putzen, waschen und in Scheiben schneiden. Den Pak Choi putzen, waschen und in Streifen schneiden. Den Wirsing putzen, waschen und klein schneiden. Die Chilischote waschen, halbieren, Trennwände und Kerne entfernen und die Hälften fein hacken. Die Hälfte der Frühlingszwiebeln, den Pak Choi, den Wirsing, drei Viertel der gehackten Chilischote und die Sojasauce zum Teig geben und gut unterrühren.

Das Öl in einer kleinen Pfanne erhitzen, den Teig hineingeben und zugedeckt bei mittlerer Hitze 7–8 Min. garen. Den Okonomiyaki vorsichtig auf einen Teller stürzen und wieder in die Pfanne gleiten lassen. Auf der zweiten Seite ebenfalls 7–8 Min. braten.

Inzwischen die Mayonnaise und den Limettensaft in einer kleinen Schüssel verrühren. Den Okonomiyaki auf einen großen Servierteller geben, mit der Limettenmayo beträufeln und mit den übrigen Frühlingszwiebeln und der übrigen gehackten Chili servieren.

OKONOMIYAKI

Ich liebe Knoblauch, ganz besonders in Kombination mit Reis. Die Beilage habe ich hier zu einer Hauptspeise erweitert. Sehr lecker, doch sollte man nicht gleich danach zum Date seines Lebens gehen.

Für 4 Personen
Zubereitungszeit: 20 Min.
Pro Portion ca. 675 kcal,
13 g E, 47 g F, 46 g KH

200 g Jasminreis
4 Knoblauchzehen
100 ml Erdnussöl
300 g Jackfrucht (aus der Dose)
100 g TK-Erbsen
1 Bund Schnittlauch
100 g Chili-Bohnensauce (Asialaden)
50 g Butter
2 EL Öl
4 Eier

Den Reis in ein Sieb geben und abbrausen. Anschließend in einem Topf mit Wasser nach Packungsanweisung in 15–18 Min. garen. Inzwischen den Knoblauch schälen und in dünne Scheiben schneiden. Das Öl in einer großen Pfanne bei mittlerer Hitze erhitzen. Den Knoblauch hinzufügen und in 2–3 Min. goldbraun braten. Vorsicht, er brennt leicht an.

Die Jackfrucht in Stücke reißen, in das Knoblauchöl geben und mit einem Holzlöffel weiter zerkleinern. Die Erbsen dazugeben und alles in 6–7 Min. garen. Den Schnittlauch waschen, trocken schütteln und in feine Röllchen schneiden.

Die Chili-Bohnensauce hinzufügen und die Mischung noch ca. 2 Min. kochen lassen. Schnittlauch und gegarten Reis dazugeben und ca. 3 Min. in der Pfanne schwenken. Die Butter dazugeben und weiterschwenken.

Das Öl in einer zweiten Pfanne erhitzen und die Eier darin zu Spiegeleiern braten. Den Jackfrucht-Reis auf Teller verteilen und die Spiegeleier darauf oder daneben anrichten.

JACKFRUCHT-KNOBLAUCH-REIS

MATCHA-SOBA-NUDEL-SALAT

In Japan gibt es Restaurants, die auf Soba spezialisiert sind. Meist werden die Nudeln sehr pur serviert, mal gibt es etwas Sauce dazu. Auch als Salat sind sie ein Traum und ein tolles leichtes Mittagessen.

Für 4 Personen
Zubereitungszeit: 15 Min.
Pro Portion ca. 330 kcal,
9 g E, 13 g F, 40 g KH

1 EL Öl
3 EL geröstetes Sesamöl
1 TL Matchapulver (Bio-La-den, Drogeriemarkt)
½ TL Chiliflocken
1 EL Honig
3 EL Sojasauce
200 g Soba-Nudeln (Buchwei-zennudeln)
2 Frühlingszwiebeln
1 Bund Koriandergrün
1 EL weißer Sesam

Beide Öle, das Matchapulver und die Chiliflocken in einem kleinen Topf vermischen und erwärmen. Das Gewürzöl bei mittlerer Hitze ca. 3 Min. ziehen lassen. Honig und Sojasauce dazugeben und alles verrühren, bis sich der Honig vollständig aufgelöst hat.

In einem Topf reichlich Wasser aufkochen. Die Soba-Nudeln dazugeben und nach Packungsanweisung garen, aber nur so lange, bis sie al dente sind. Die Nudeln in ein Sieb abgießen und unter fließendem kaltem Wasser abschrecken (das ist wichtig, um die Stärke zu entfernen). Die Nudeln gut abtropfen lassen und in eine große Schüssel geben.

Die Frühlingszwiebeln waschen, putzen und in dünne Scheiben schneiden. Den Koriander waschen, trocken schütteln und klein schneiden. Den Sesam in einer beschichteten Pfanne ohne Fett goldbraun rösten.

Das Dressing zu den Soba-Nudeln geben, Frühlingszwiebeln, die Hälfte des Koriandergrüns sowie den Sesam hinzufügen und alle Zutaten gut vermischen.

Den Salat auf Teller verteilen, mit dem übrigen Koriandergrün garnieren und servieren.

OBSTSALAT »YUMMY YUMMY«

Sommer, Sonne, Salat! Obstsalat! Hier mein Favorit voll mit Superfoods, die man nicht unbedingt in einem speziellen Laden kaufen muss, die meisten gibt's am Gemüsestand. Mit dem Crushed Ice und dem Joghurt ist der Obstsalat ein gesunder Eiscreme-Ersatz. Daher »yummy yummy«!

Für 4 Personen
Zubereitungszeit: 15 Min.
Pro Portion ca. 290 kcal,
8 g E, 7 g F, 47 g KH

1 Kiwi
1 reife Mango
1 Drachenfrucht (Pitahaya)
½ Honigmelone
100 g Wassermelone
250 g Erdbeeren
1 Handvoll Brombeeren
200 g rote Weintrauben
6 TL Kondensmilch
4 EL Crushed Ice (gekauft oder selbst gehackt)
1 EL Chia-Samen
500 g Joghurt

Die Kiwi, die Mango und die Drachenfrucht schälen und in Würfel schneiden. Von den Melonen die Schale abschneiden, die Kerne entfernen und das Fruchtfleisch würfeln. Die Erdbeeren waschen, vom Stielansatz befreien und trocken tupfen. Brombeeren und Weintrauben ebenfalls waschen und halbieren. Alle Früchte in eine Schüssel geben und vorsichtig vermischen.

Den Obstsalat auf vier Dessertteller oder -schälchen verteilen und jede Portion mit 1–2 TL Kondensmilch beträufeln. Je 1 EL Crushed Ice darübergeben und die Chia-Samen darüberstreuen. Den Obstsalat servieren, den Joghurt extra dazu reichen, jeder nimmt sich selbst.

AUS PFANNE

UND

TOPF

BIBIMBAP

Ich liebe Resteessen! Zum Beispiel mit Zutaten, die man so im Kühlschrank findet am Ende eines Tages, an dem man keine Zeit hatte einkaufen zu gehen. Dann gibt es Bibimbap: Die Fundstücke aus dem Kühlschrank werden auf koreanische Art mit Chilipaste und Sushi-Reis zubereitet.

Für 4 Personen
Zubereitungszeit: 1 Std.
Pro Portion ca. 650 kcal,
19 g E, 21 g F, 94 g KH

12 getrocknete Shiitake
(Pilze)
400 g Sushi-Reis
200 g Baby-Blattspinat
100 g Mungbohnensprossen
2 Möhren
1 Zucchino
Salz
4 Frühlingszwiebeln
2 Chilischoten
2 Knoblauchzehen
4 EL Öl
4 EL Sojasauce
1 EL geröstetes Sesamöl
4 Eier
4 EL Gochujang (korean.
Chilipaste; Asialaden)

Die Shiitake in einer Schüssel mit lauwarmem Wasser bedecken und ca. 30 Min. einweichen. Den Reis in einem Sieb waschen, in einen Topf geben und in Wasser nach Packungsanweisung bei kleiner Hitze ca. 15 Min. garen.

Inzwischen den Spinat verlesen und waschen, die Sprossen ebenfalls waschen. Die Möhren putzen, schälen und in dünne Stifte schneiden. Den Zucchino putzen, waschen und ebenfalls in dünne Stifte schneiden. Die Gemüse in sprudelnd kochendem Salzwasser ca. 2 Min. blanchieren, abgießen und kalt abschrecken.

Die Shiitake abtropfen lassen und in feine Streifen schneiden. Die Frühlingszwiebeln putzen, waschen und in Ringe schneiden. Die Chilischoten waschen, halbieren, Trennwände und Kerne entfernen und die Hälften klein schneiden. Beides beiseitestellen.

Den Knoblauch schälen und fein hacken. 2 EL Öl in einer großen Pfanne erhitzen und den Knoblauch darin anbraten. Die Shiitake hinzufügen und ca. 1 Min. braten. Sojasauce und Sesamöl hinzufügen, alles gut verrühren und an den Rand der Pfanne schieben. Wieder 2 EL Öl in die Pfanne geben und 4 Spiegeleier braten (das kann man auch in einer anderen Pfanne machen).

Den Reis auf vier Schalen verteilen, Gemüse und Pilze darauf anrichten und je 1 Spiegelei in die Mitte setzen. Am Tisch alles gut vermischen und mit Gochujang würzen. Mit Frühlingszwiebeln und Chilistreifen garnieren.

Der Shakshuka oder dem türkischen Menemen ähnlich, aber doch ein sehr eigenes Gericht ist die Piperade. Das traditionelle baskische Rezept enthält reichlich Paprikaschoten. Wenn Sie es authentisch genießen möchten, brauchen Sie Piment d´Espelette, der aus besonders fruchtig-aromatischen Chilischoten gewonnen wird.

Für 4 Personen
Zubereitungszeit: 20 Min.
Pro Portion ca. 270 kcal,
17 g E, 18 g F, 10 g KH

2 rote Paprika
2 gelbe Paprika
400 g Tomaten
1 Zwiebel
1 Knoblauchzehe
4 Stängel Petersilie
2 EL Olivenöl
Salz, Pfeffer
8 Eier
½ TL Piment d'Espelette
(baskisches Chilipulver;
ersatzweise rosenscharfes
Paprikapulver)

Den Backofen auf 180° vorheizen und ein Backblech mit Backpapier belegen. Die Paprika waschen, halbieren, Trennwände und Kerne entfernen. Die Hälften mit der Haut nach oben auf das Backblech legen und im Ofen ca. 30 Min. rösten, bis die Haut schwarze Blasen wirft. Paprika herausnehmen, in einen Gefrierbeutel geben, den Beutel fest verschließen und die Paprika abkühlen lassen (dann lassen sich die Paprika leichter häuten).

Inzwischen die Tomaten waschen und vierteln, Stielansatz und Kerne entfernen und die Viertel in ca. 2 cm große Würfel schneiden. Zwiebel und Knoblauch schälen und fein würfeln. Die Petersilie waschen und trocken tupfen, die Blätter abzupfen und hacken.

Die Paprikahälften aus dem Beutel nehmen, häuten und in ca. 1 cm breite Streifen schneiden.

Das Öl in einer großen Pfanne erhitzen. Zwiebel, Knoblauch und Tomatenwürfel darin andünsten, salzen und pfeffern. Die Eier mit einem Schneebesen verquirlen, die Hälfte der gehackten Petersilie unterrühren und die Eier über das Gemüse gießen. Nur kurz etwas stocken lassen, die Masse soll weich bleiben und nicht so fest wie ein Omelett werden.

Die Paprikastreifen darauflegen und zugedeckt 1–2 Min. in der Pfanne erwärmen. Die Piperade mit der restlichen Petersilie bestreuen und mit Salz, Pfeffer und Piment d'Espelette kräftig würzen. Die Pfanne auf den Tisch stellen und Weißbrot dazu reichen, jeder bedient sich selbst.

PIPERADE

TÜRKISCHE
LINSENSUPPE

Mamas Superfood! Sie kochte uns viele Suppen, die mir allesamt sehr schmeckten, doch wenn es mir mal nicht gut ging und sie mich aufheitern wollte, kochte sie mir meine Lieblingssuppe – Mercimek Corbasi. Mit der Zeit habe ich ihr Rezept ein wenig abgewandelt und Alternativen ausprobiert. Einfach nachkochen, gut gehen lassen und die Kinder nicht vergessen.

Für 6 Personen
Zubereitungszeit: 1 Std.
Pro Portion ca. 495 kcal,
25 g E, 16 g F, 59 g KH

500 g rote Linsen
3 Zwiebeln
3 Knoblauchzehen (oder
1 TL schwarze fermentierte
Knoblauchpaste)
1 große Kartoffel (oder Süß-
kartoffel)
2 kleine Möhren (oder alte
Möhrensorten, z. B. lila, bunt)
1 rote Spitzpaprika
100 g Butter
2 l Gemüsebrühe
1 Bund Minze
1 Bund Petersilie
1 EL edelsüßes Paprikapulver
1 EL rosenscharfes Paprika-
pulver
3 EL Tomatenmark
Salz, Pfeffer
1 EL Zitronensaft
1 TL gemahlener Kreuz-
kümmel

Die Linsen in ein Sieb geben und unter fließendem kaltem Wasser abspülen. Zwiebeln, Knoblauch, Kartoffel und Möhren schälen und in Würfel schneiden. Die Paprika waschen, halbieren, Trennwände und Kerne entfernen und die Hälften in Würfel schneiden.

3 EL Butter in einem Topf bei mittlerer Hitze schmelzen. Die Zwiebeln darin anschwitzen. Knoblauch, Kartoffel, Möhren, Paprika und Linsen dazugeben und ca. 5 Min. andünsten. Die Gemüsebrühe dazugießen und alles zugedeckt bei kleiner bis mittlerer Hitze ca. 30 Min. köcheln lassen, dabei regelmäßig umrühren.

Inzwischen Minze und Petersilie waschen, trocken schütteln und klein hacken. Die übrige Butter in einem kleinen Topf bei mittlerer Hitze schmelzen. Beide Paprikapulver und das Tomatenmark dazugeben und unter Rühren ca. 3 Min. andünsten. Die Hälfte der gewürzten Butter zur Suppe geben und diese weitere 5-10 Min. kochen.

Die Suppe mit einem Pürierstab im Topf fein pürieren. Mit Salz, Pfeffer, Zitronensaft und Kreuzkümmel abschmecken und nochmals umrühren. Auf Schüsseln oder tiefe Teller verteilen und mit der übrigen gewürzten Butter beträufeln.

Supergesund, supereinfach und superlecker. Frittierter Blumenkohl, wenn es mal ganz unkompliziert sein soll mit wenigen Handgriffen! Als Hauptgericht oder auch als Beilage ein echter Genuss.

Für 2 Personen
Zubereitungszeit: 40 Min.
Pro Portion ca. 630 kcal,
31 g E, 39 g F, 37 g KH

1 Blumenkohl
4 EL Teriyaki-Sauce
75 g Parmesan
2 Eier
75 g Mehl (Type 405)
60 ml Milch
ca. 200 ml Öl zum Frittieren
Zitronenspalten und Schnittlauchröllchen zum Servieren

Den Blumenkohl von den äußeren Blättern befreien. Den Kohl waschen, trocknen und in ca. 2 cm dicke Scheiben schneiden. Den harten Strunk aus der Mitte herausschneiden. Die Blumenkohlscheiben auf einem mit Backpapier belegten Blech verteilen, mit 2 EL Teriyaki-Sauce bestreichen und ca. 10 Min. marinieren lassen. Wenden, mit der übrigen Sauce (2 EL) bestreichen und wieder 10 Min. marinieren.

Den Backofen auf 200° vorheizen. Den Blumenkohl im Ofen ca. 5 Min. backen (wer Blumenkohl richtig bissfest mag, kann diesen Schritt auch überspringen).

Inzwischen den Parmesan reiben. Die Eier in eine Schüssel aufschlagen. Mehl, Parmesan und Milch hinzufügen und alle Zutaten zu einem glatten Teig verrühren.

In einer Pfanne ca. 1 cm hoch Öl bei mittlerer Hitze erhitzen. Die Blumenkohlscheiben in den Teig tauchen, sodass sie rundherum damit bedeckt sind. Im heißen Öl portionsweise in 4–5 Min. pro Seite goldbraun frittieren, mit einer Schaumkelle herausheben und auf Küchenpapier entfetten. Mit Schnittlauchröllchen und Zitronenspalten servieren.

FRITTIERTER BLUMENKOHL

PERUANISCHER CHAUFA-REIS

Nichts verehre ich so sehr wie Reis, in allen Zubereitungen. Er spielt auch in der türkischen Küche eine große Rolle. In Peru habe ich diesen wundervollen Chaufa-Reis gegessen.

**Für 4 Personen
Zubereitungszeit: 30 Min.
Pro Portion ca. 395 kcal,
16 g E, 18 g F, 41 g KH**

**200 g Reis
Salz
2 Eier (L)
Pfeffer
4 EL Öl
1 rote Paprika
1 Bund Frühlingszwiebeln
1 kleines Stück Ingwer
200 g Tofu
3 EL Sojasauce**

Den Reis nach Packungsanweisung in leicht gesalzenem Wasser bei kleiner Hitze kochen. Inzwischen die Eier mit 1 Prise Salz und etwas Pfeffer verquirlen. 2 EL Öl in einer großen Pfanne oder einem Wok erhitzen.

Die Eier in das Öl geben und bei mittlerer Hitze 1–2 Min. braten. Den Eierpfannkuchen wenden und fertig garen. Auf einen Teller geben, grob hacken und beiseitestellen.

Paprika waschen, halbieren, Trennwände und Kerne entfernen und die Hälften in Stücke schneiden. Frühlingszwiebeln putzen und waschen, die grünen und weißen Teile getrennt in Ringe schneiden. Ingwer schälen und fein hacken.

Das übrige Öl (2 EL) in Pfanne oder Wok erhitzen. Die Paprika, die weißen Frühlingszwiebelringe und den Ingwer hinzufügen und alles 2–3 Min. anbraten.

Den Tofu hacken, dazugeben und einige Minuten mitbraten. Den gekochten Reis, die grünen Frühlingszwiebelringe und die Sojasauce hinzufügen und die Mischung unter ständigem Rühren einige Minuten erhitzen. Den Eierpfannkuchen unterrühren und den Chaufa-Reis servieren.

Die kalten Speisen, in Olivenöl geschmort – auch Zeytinyagli genannt – sind aus der türkischen Küche nicht wegzudenken. Die Zubereitung mit Fleisch hat mir nie wirklich geschmeckt, ich mochte schon immer die vegetarische Variante lieber. Vor allem an heißen Sommertagen sind diese kalten Gemüsegerichte eine Offenbarung, lecker, leicht und bekömmlich.

Für 4 Personen
Zubereitungszeit: 40 Min.
Garzeit: 35 Min.
Pro Portion ca. 375 kcal,
6 g E, 18 g F, 46 g KH

1 große Zwiebel
200 g Risotto-Reis
6 EL Olivenöl
2 EL Pinienkerne
1 EL Korinthen
½ TL gemahlener Piment
½ TL Zucker
1 TL Salz
½ Bund Petersilie
3 Tomaten
8 türkische Paprika (biber dolmasi; türk. Supermarkt)

Die Zwiebel schälen und in kleine Würfel schneiden. Den Reis in einem Sieb waschen und gut abtropfen lassen. 2 EL Olivenöl in einer Pfanne erhitzen und die Zwiebel darin anbraten. Reis, Pinienkerne und Korinthen unterrühren und ca. 3 Min. anbraten.

Piment, Zucker und Salz unterrühren. 200 ml kochendes Wasser dazugießen. Kurz aufkochen und dann bei kleiner Hitze ca. 20 Min. köcheln lassen.

Inzwischen die Petersilie waschen, trocken schütteln und fein hacken. 2 Tomaten häuten und ohne Stielansatz würfeln. Die Paprika waschen, den Stielansatz vorsichtig herauslösen und die Trennwände und Kerne entfernen. Die Paprika nebeneinander in einen Topf stellen. Petersilie und Tomaten unter den Reis heben und jede Paprika zu drei Viertel damit befüllen. Die übrige Tomate waschen und so große Stücke davon abschneiden, dass sich damit die Öffnungen der Paprika verschließen lassen.

So viel kochendes Wasser neben die Paprika in den Topf gießen, dass sie zu einem Drittel im Wasser stehen. Das übrige Olivenöl (4 EL) dazugeben. Zugedeckt einmal aufkochen. Die Hitze reduzieren und die Paprika zugedeckt bei kleiner bis mittlerer Hitze in ca. 35 Min. garen, dabei gelegentlich prüfen, ob genügend Flüssigkeit im Topf ist.

Die Paprika herausnehmen und abkühlen lassen. Bis zum Essen zugedeckt in den Kühlschrank stellen.

ZEYTINYAGLI DOLMA

RISI E BISI

Reis und Erbsen, wunderbar. Ein Klassiker der venezianischen Küche. Am besten gleich mehrere Portionen machen für die ganze Woche, da sich das Gericht einige Tage hält. Es hat übrigens einen fürstlichen Ursprung: Jedes Jahr am St.-Markus-Tag, dem 25. April, wurde es für den Dogen von Venedig zubereitet.

Für 4 Personen
Zubereitungszeit: 40 Min.
Garzeit: 1 Std.
Pro Portion ca. 730 kcal,
21 g E, 22 g F, 108 g KH

1,2 kg frische Erbsenschoten
2 l Gemüsebrühe
2 weiße Zwiebeln
60 g Butter
1 EL frisch gehackte Petersilie
1 EL natives Olivenöl extra
500 g Risotto-Reis (Vialone Nano oder Arborio)
Salz
60 g Parmesan
Pfeffer

Die Erbsen aus den Schoten palen und beiseitelegen (es sollten ca. 500 g sein). Die leeren Erbsenschoten waschen und mit der Brühe in einen Topf geben. Zum Kochen bringen und zugedeckt ca. 1 Std. köcheln lassen.

Die Schoten in der Brühe mit einem Pürierstab glatt pürieren. Die Mischung durch ein Sieb passieren, um zähe Faserstücke zu entfernen. Die Brühe beiseitestellen.

Die Zwiebeln schälen und fein hacken. Die Hälfte der Butter in einem Topf bei mittlerer Hitze zerlassen. Die Zwiebelwürfel dazugeben und bei kleiner Hitze in 10-15 Min. weich und glasig garen.

Die Petersilie dazugeben und alles 1-2 Min. köcheln lassen. Die Erbsen, das Olivenöl und ca. 200 ml warme Erbsenbrühe dazugeben. Zum Kochen bringen und unter ständigem Rühren ca. 5 Min. köcheln lassen.

Den Reis und etwas Salz hinzufügen. Rühren und wieder Brühe hinzufügen, sobald der Reis sie aufgenommen hat. Die Zutaten sollen immer knapp mit Brühe bedeckt sein. Den Parmesan reiben.

Immer wieder Brühe dazugeben und so fortfahren, bis der Reis bissfest ist. Das fertige Risi e Bisi sollte eine Konsistenz zwischen einer Suppe und einem Risotto haben. Die übrige Butter (30 g) und den geriebenen Parmesan unterrühren. Mit Pfeffer übermahlen und servieren.

TÜRKISCHES MENEMEN

Ich erinnere mich wahnsinnig gerne an die Zeit, als meine Eltern für uns gekocht haben. Zum Frühstück – nicht immer, aber immer mal wieder – gab es Menemen, gelegentlich bekamen wir es auch zum Abendessen. Ein einfaches, aber sehr leckeres Gericht, das ich mir bei jedem Besuch zuhause wünsche.

Für 2 Personen
Zubereitungszeit: 1 Std.
Pro Portion ca. 520 kcal,
33 g E, 36 g F, 15 g KH

2 grüne Paprika
2 Peperoni (aus dem Glas)
4 Tomaten
1 große Zwiebel
2 EL Olivenöl
8 Eier
Salz, Pfeffer
edelsüßes Paprikapulver
1 TL Chiliflocken
½ Bund Petersilie

Die Paprika waschen, halbieren, Trennwände und Kerne entfernen und die Hälften klein würfeln. Die Peperoni abtropfen lassen und fein hacken. Die Tomaten waschen, den Stielansatz entfernen und das Fruchtfleisch sehr fein würfeln. Die Zwiebel schälen und sehr fein würfeln.

Das Öl in einer Pfanne erhitzen. Die Zwiebel dazugeben und 1-2 Min. anschwitzen. Paprika, Tomaten und Peperoni dazugeben und mitdünsten. Die Eier leicht verquirlen und mit je 1 Prise Salz, Pfeffer, Paprikapulver und den Chiliflocken würzen.

Die Eier zum Gemüse geben, alles gut vermischen und bei mittlerer Hitze stocken lassen. Inzwischen die Petersilie waschen, trocken schütteln und fein hacken. Das Menemen mit Petersilie bestreuen und servieren.

PILAW NACH TÜRKISCHER KNEIPENART

Als Kind war ich mal in Istanbul mit meinem Opa in einer Kneipe. In einer Kupferschale wurde mir der türkische Kneipenreis serviert, nur viel schärfer als in meinem Rezept. Ich liebte ihn.

Für 4 Personen
Zubereitungszeit: 35 Min
Pro Portion ca. 360 kcal,
10 g E, 13 g F, 45 g KH

1 Aubergine
1 Zucchino
1 rote Spitzpaprika
1 dunkelgrüne lange Paprika
(sivri biber; türk. Super-
markt)
1 Ochsenherztomate oder
große Fleischtomate
1 rote Zwiebel
2 Knoblauchzehen
2 EL Olivenöl
200 g Bulgur
1 EL Salz
1 TL Sumach (orient. Gewürz)
1 TL Chiliflocken
2 EL Butter
300 ml Gemüsebrühe
4 EL passierte Tomaten (aus
der Dose)

Aubergine, Zucchino, Paprika und Tomate waschen. Aubergine und Zucchino putzen und in sehr kleine Würfel schneiden. Die Paprika halbieren, Trennwände und Kerne entfernen und die Hälften ebenfalls sehr fein würfeln. Die Tomate ohne den Stielansatz in feine Würfel schneiden. Die Zwiebel und den Knoblauch schälen, die Zwiebel sehr fein würfeln und den Knoblauch zerdrücken.

Das Öl in einer großen Pfanne erhitzen. Den Knoblauch sowie die Gemüsewürfel dazugeben und leicht anbraten.

Den Bulgur hinzufügen und die Pfanne schwenken. Salz, Sumach und die Chiliflocken dazugeben und weiterschwenken. Die passierten Tomaten hinzufügen, alle Zutaten gut verrühren und kurz köcheln lassen.

Die Butter in einem großen Topf erhitzen. Die Mischung aus der Pfanne dazugeben und umrühren. Die Gemüsebrühe in einem Topf 2 Min. aufkochen und zur Bulgurmischung geben. Den Bulgur zugedeckt bei sehr kleiner Hitze ca. 20 Min. köcheln. Den Topf vom Herd nehmen und das Gericht vor dem Servieren ca. 5 Min. ruhen lassen.

PILZ-SPAGHETTI

Nein, keine Nudel-Pilz-Pfanne und keine Spaghetti mit Pilz-Sahnesauce. Hier gibt's ganz viel Umami und großes Pasta-Glück.

Für 4 Personen
Zubereitungszeit: 30 Min.
Einweichzeit: 40 Min.
Pro Portion ca. 550 kcal,
17 g E, 16 g F, 75 g KH

50 g getrocknete Steinpilze
3 Schalotten
2 Knoblauchzehen
50 g Butter
1 EL Olivenöl
1 EL Thymianblätter
2 l Gemüsebrühe
400 g Spaghetti
200 g gemischte Waldpilze
1 Handvoll Petersilienblätter
Parmesan zum Servieren

Die getrockneten Steinpilze in einer Schüssel mit Wasser bedecken und ca. 40 Min. einweichen lassen.

Inzwischen Schalotten und Knoblauch schälen und fein hacken. Die Hälfte der Butter mit dem Olivenöl in einem Topf bei großer Hitze 2–3 Min. schmelzen, bis sie schäumt. Schalotten, Knoblauch und Thymian hinzufügen und unter Rühren 1–2 Min. dünsten, bis Zwiebel und Knoblauch weich sind. Die Brühe dazugießen und aufkochen.

Die Steinpilze abtropfen lassen und hinzufügen. Die Hitze reduzieren und die Pilze bei kleiner Hitze ca. 5 Min. garen. Die Brühe durch ein feines Sieb in eine Schüssel gießen.

Die Hälfte der Pilzbrühe zurück in den Topf geben und bei großer Hitze aufkochen, falls nötig, etwas Wasser dazugeben, damit es zum Nudelgaren reicht. Die Spaghetti dazugeben und in ca. 9 Min. al dente kochen. Die andere Hälfte der Brühe beiseitestellen.

Inzwischen die frischen Pilze putzen, bei Bedarf waschen oder trocken abreiben und grob hacken. Die übrige Butter (25 g) in einem großen Topf bei großer Hitze schmelzen. Die Hälfte der Pilze hineingeben und unter Rühren ca. 4 Min. braten. Herausnehmen und die zweite Hälfte ebenso braten.

Die Pilz-Zwiebel-Mischung aus dem Sieb und die beiseitegestellte Brühe in eine große, hohe Pfanne geben. Bei großer Hitze aufkochen und ca. 6 Min. kochen lassen, bis die Flüssigkeit reduziert und eingedickt ist.

Die Nudeln abgießen und mit den gebratenen Pilzen ebenfalls in die hohe Pfanne geben. Unter Rühren ca. 2 Min. kochen, bis die Spaghetti rundherum dick mit Sauce bedeckt sind. Die Petersilie unterheben. Das Gericht auf Teller verteilen und mit geriebenem Parmesan bestreuen.

SESAM-FALAFEL

Diese Frage bekomme ich im Hans Kebab täglich zu hören: Gibt es Falafel? Nein, gibt es nicht, denn Falafel hat mit der türkischen Küche wenig zu tun. Daher verkaufen wir in unserem türkischen Craft Imbiss nur klassische und neu interpretierte Kebabs. Falafel kommt aus dem arabisch-israelischen Raum. Punkt. Lecker. Punkt. Sehr lecker mit der Ingwersauce.

Für 4 Personen
Zubereitungszeit: 1 Std.
Einweichzeit: über Nacht
Pro Portion ca. 460 kcal,
13 g E, 26 g F, 38 g KH

Für die Falafel:
500 g Kichererbsen
1 Möhre
1 weiße Zwiebel
2 Knoblauchzehen
1 kleines Bund Petersilie
1 Bund Koriandergrün
3 EL Mehl (Type 405)
20 g weißer Sesam
1 TL gemahlener Kreuz-
kümmel
1 TL Chilipulver
Salz, Pfeffer
1 TL Natron
1 Spritzer Zitronensaft
ca. 500 ml Öl zum Frittieren

Für die Sauce:
1 kleines Stück Ingwer
4 EL Tahin (Sesampaste)
Saft von ½ Zitrone

Zum Servieren:
Salatblätter, Gurken- und
Avocadoscheiben
Joghurt

Am Vortag für die Falafel die Kichererbsen in reichlich Wasser einweichen. Am nächsten Tag in ein Sieb abgießen, abtropfen lassen und beiseitestellen.

Die Möhre putzen, schälen und grob zerkleinern. Die Zwiebel schälen und grob hacken. Den Knoblauch schälen und reiben. Die Kräuter waschen, trocken schütteln und die Blätter abzupfen. Die Möhre im Mixer fein zerkleinern.

Kichererbsen, Kräuter, Mehl, Sesam, Knoblauch, Kreuzkümmel, Chilipulver und je 1 Prise Salz und Pfeffer hinzufügen. Das Natron dazugeben und mit dem Zitronensaft beträufeln. Alle Zutaten pürieren, bis eine ziemlich glatte Masse entstanden ist, in der aber noch winzige Stückchen erkennbar sind. Nicht zu lange pürieren! Bei Bedarf etwas Wasser dazugeben. Die Masse aus dem Mixer nehmen, esslöffelgroße Portionen abnehmen und zu Kugeln rollen.

Für die Sauce den Ingwer schälen und fein reiben. Mit dem Tahin und dem Zitronensaft in einer Schüssel gut verrühren. Bis zum Servieren beiseitestellen.

Das Öl in einem großen schweren Topf auf 180° erhitzen. Die Falafel darin portionsweise 2–3 Min. frittieren, bis sie goldbraun und durchgegart sind. Auf Küchenpapier entfetten und mit etwas Salz bestreuen.

Die Falafel auf Salatblättern, Gurken- und Avocadoscheiben anrichten. Mit Sauce beträufeln, den Joghurt dazu reichen.

SPINAT-TORTILLA

Ich liebe Spinat-Tortilla. Als ich die Sprachenschule in Barcelona besucht habe, war ich fast jeden Tag in einem kleinen Lokal, wo es die beste Spinat-Tortilla gab zu einem kleinen Preis. Da hat es gleich doppelt so gut geschmeckt!

**Für 2 Personen
Zubereitungszeit: 35 Min.
Pro Portion ca. 245 kcal,
18 g E, 18 g F, 2 g KH**

**300 g frischer Spinat
4 Eier
2 EL Milch oder Sahne
Salz, Pfeffer
1 EL Öl**

Den Spinat waschen und abtropfen lassen. Eine große Pfanne oder einen Topf erhitzen und den Spinat darin bei großer Hitze ca. 3 Min. schwenken, bis er zusammenfällt. Ca. 5 Min. abkühlen lassen.

In einer Schüssel die Eier mit der Milch oder Sahne sowie Salz und Pfeffer verquirlen. Die Mischung über den gekochten Spinat gießen und umrühren.

Das Öl in einer Pfanne erhitzen. Die Spinat-Eier-Mischung hineingießen und bei mittlerer Hitze 10-12 Min. backen, bis auch die Mitte gar ist.

Die Tortilla auf einen Teller stürzen, wieder in die Pfanne gleiten lassen und die andere Seite in ca. 5 Min. goldbraun backen. Die Tortilla in der Pfanne halbieren oder in mehrere Stücke schneiden und heiß oder warm genießen.

GEBRATENE GRÜNE TOMATEN

Tomaten, so lecker und voller Vitamine! Ich kann Tomaten in allen Variationen essen und dies ist ein schnelles Rezept, das für Abwechslung sorgt, wenn man mal eine Tomate ziemlich puristisch genießen möchte. Tipp: Auch hauchdünn geschnitten schmecken die gebratenen Tomaten ausgezeichnet.

Für 2 Personen
Zubereitungszeit: 30 Min.
Pro Portion ca. 690 kcal,
25 g E, 25 g F, 88 g KH

6 grüne Tomaten
Salz, Pfeffer
3 Eier (L)
ca. 150 g Mehl (Type 405)
ca. 150 g gelbes Maismehl
ca. 150 g Panko (grobe Sem-
melbrösel)
½ TL edelsüßes Paprikapulver
Cayennepfeffer (nach Belie-
ben)
ca. 200 ml Öl zum Braten

Die Tomaten waschen und ohne Stielansatz in ca. 2 cm dicke Scheiben schneiden. Auf beiden Seiten großzügig mit Salz und Pfeffer würzen.

Die Eier in einer kleinen Schüssel mit 1 EL Wasser verquirlen. Das Mehl in eine zweite kleine Schüssel geben. Maismehl, Panko, Paprikapulver und nach Belieben 1 Prise Cayennepfeffer in einer weiteren Schüssel verrühren.

Die Tomatenscheiben von beiden Seiten zuerst in das Mehl und dann in das verquirlte Ei tauchen. Zum Schluss von beiden Seiten in die Maismehl-Panko-Mischung tauchen und auf ein Tablett legen. Alle Tomatenscheiben so vorbereiten. Reichlich Öl in einer großen Pfanne erhitzen und die Tomatenscheiben darin portionsweise bei mittlerer Hitze pro Seite in 1-2 Min. goldbraun braten. Auf Küchenpapier entfetten und warm genießen.

BLUMENKOHL-TACOS

Diese Fast-Food-Hits schmecken ja fast immer ausgezeichnet und als vegetarische Variante sogar noch besser. Viva Mexico.

Für 4 Personen
Zubereitungszeit: 40 Min.
Pro Portion ca. 435 kcal,
19 g E, 19 g F, 43 g KH

Für die Ananassauce:
2 Knoblauchzehen
150 g Ananasfruchtfleisch
½ Grapefruit
1-2 Chipotle-Chilischoten
2 EL Chilipulver
2 TL edelsüßes Paprikapulver
100 ml Ananassaft
50 ml Grapefruitsaft
3 EL Weißweinessig

Für die Tacos:
1 Blumenkohl
1 rote Zwiebel
1 Jalapeño-Chilischote
2 EL Olivenöl
Salz, Pfeffer
1 Bund Koriandergrün
**12 Mais-Tortillas (Fertig-
produkt)**
**250 g Feta (Schafs- oder
Ziegenkäse)**

Außerdem:
**Limettenspalten zum Ser-
vieren**

Für die Ananassauce den Knoblauch schälen, grob hacken und in einen Hochleistungsmixer oder eine Küchenmaschine geben. Das Ananasfruchtfleisch würfeln und die Hälfte ebenfalls in den Mixer geben. Die Grapefruithälfte schälen, die Fruchtfilets aus den Häuten schneiden und halbieren. Die Hälfte davon ebenfalls in den Mixer geben.

Die Chipotle-Chilischoten von Stiel und Kernen befreien und mit Chili- sowie Paprikapulver, Ananassaft, Grapefruitsaft und Essig hinzufügen. Alles zu einer glatten Sauce pürieren, beiseitestellen.

Für die Tacos den Blumenkohl putzen, waschen und in Röschen teilen. Die Zwiebel schälen und in dünne Scheiben schneiden. Die Jalapeño waschen, halbieren, Trennwände und Kerne entfernen und die Hälften fein würfeln. Eine große Pfanne bei mittlerer Hitze erhitzen und das Olivenöl hinzufügen. Blumenkohl und Zwiebel dazugeben, mit Salz und Pfeffer würzen. Bei kleiner Hitze 12–15 Min. kochen lassen, bis der Blumenkohl weich und die Zwiebel karamellisiert ist.

Inzwischen das Koriandergrün waschen, trocken schütteln und hacken.

Die Ananassauce, die übrigen Ananas- und Grapefruitstücke und die Jalapeño unter den Blumenkohl rühren. 8–10 Min. köcheln lassen, bis die Sauce reduziert ist und den Blumenkohl rundherum bedeckt. Den Großteil des Korianders unterrühren.

Die Mais-Tortillas in einer beschichteten Pfanne bei mittlerer Hitze ca. 1 Min. pro Seite rösten. Den Feta zerbröckeln. Den Blumenkohl auf die Tortillas verteilen und jeden Taco mit übrigem Koriander und Feta-Käse toppen. Die Limettenspalten dazu servieren.

REIS MIT BOHNEN

Reis und Bohnen, eine unschlagbare Kombi! Ich empfehle das Gericht als Mittagessen, es schenkt Power für den Rest des Tages. Schmeckt absolut lecker und ist supereinfach gemacht.

Für 2 Personen
Zubereitungszeit: 10 Min.
Garzeit: 55 Min.
Einweichzeit: über Nacht
Pro Portion ca. 775 kcal,
24 g E, 15 g F, 134 g KH

250 g getrocknete schwarze
Bohnen
2 Lorbeerblätter
1 TL gekörnte Gemüsebrühe
5 Knoblauchzehen
2 EL Öl
300 g Reis
Salz
½ EL gemahlener Kreuzkümmel

Am Vortag die Bohnen in eine große Schüssel geben und mit Wasser bedecken. Über Nacht einweichen lassen.

Am nächsten Tag das Wasser abgießen und die Bohnen in einen Topf geben. Ca. 600 ml Wasser, die Lorbeerblätter und die gekörnte Brühe dazugeben. Die Bohnen zugedeckt bei mittlerer Hitze in ca. 25 Min. weich garen. Den Knoblauch schälen und hacken. Das Öl in einem großen Topf erhitzen und den Knoblauch darin anbraten. Die Bohnen mitsamt der Brühe hinzufügen.

Den Reis dazugeben, alles leicht salzen. Den Kreuzkümmel hinzufügen und den Eintopf zugedeckt bei kleiner Hitze ca. 30 Min. köcheln lassen, dabei darauf achten, dass immer genug Flüssigkeit im Topf ist und der Reis nicht trocken wird. Das Gericht mit einer Gabel auflockern und bis zum Servieren abdecken.

HUMMUS & PITAH

Als ich in Tel Aviv mit einem einheimischen Freund unterwegs war, brachte er mich einmal 30 km außerhalb der Stadt zu einem kleinen Imbiss, um dort diese Kombi zu essen. Umwerfend gut und unvergesslich!

Für 4 Personen
Zubereitungszeit: 50 Min
Pro Portion ca. 615 kcal,
23 g E, 14 g F, 97 g KH

Für die Pitah:
500 g Vollkorn-Weizenmehl
2 TL Salz

Für den Hummus:
500 g Kichererbsen (aus der
Dose)
1 Knoblauchzehe
2 EL Tahin (Sesampaste)
1 EL Zitronensaft
Salz
2 EL Olivenöl
Olivenöl zum Beträufeln
(nach Belieben)

Für die Pitah Mehl und Salz in einer Schüssel oder Küchenmaschine mischen. Nach und nach 375 ml Wasser dazugeben und mit den Händen oder der Maschine unterkneten. Der Teig sollte sehr fest sein. Abdecken und mindestens 30 Min. ruhen lassen.

Inzwischen für den Hummus die Kichererbsen abtropfen lassen. Den Knoblauch schälen. Kichererbsen, Knoblauch, Tahin, Zitronensaft und 1 Prise Salz in einen Mixer geben und zu einer glatten Masse pürieren. Das Olivenöl langsam einfließen lassen. Bei Bedarf noch etwas Wasser hinzufügen, bis die Mischung homogen ist.

Den Teig zu einer Rolle formen und diese in 8 Stücke teilen. Jedes Stück zuerst zu einer Kugel formen, dann flach drücken und auf einer bemehlten Arbeitsfläche zu einem Fladen ausrollen. Eine beschichtete Pfanne ohne Fett erhitzen. Die Fladen nacheinander bei mittlerer Hitze pro Seite knapp 3 Min. backen.

Den Hummus in einer Schüssel oder vier kleinen Portionsschüsseln anrichten und nach Belieben mit Olivenöl beträufeln. Die Pitah dazu reichen. Jeder reißt sich Stücke ab und dippt sie in den Hummus. Oder die Pitah mit Hummus bestreichen und aufrollen.

ARRUMADINHO

In Brasilien und in Portugal habe ich dieses Bohnengericht probiert. Unglaublich lecker in Verbindung mit der Vinaigrette.

Für 4 Personen
Zubereitungszeit: 1 Std.
Pro Portion ca. 690 kcal,
11 g E, 36 g F, 76 g KH

Für die Bohnen:
250 g geschälte getrocknete
Dicke Bohnen (türk. Supermarkt)
1 Zwiebel
4 Stängel Koriandergrün
1 EL Butter
Salz

Für den Tofu:
1 kleine Zwiebel
2 Knoblauchzehen
200 g Tofu
1 EL Butter
Salz, Pfeffer

**Für die Farofa (geröstetes
Maniokmehl):**
1 kleine Zwiebel
2 Knoblauchzehen
100 g Butter
½ TL edelsüßes Paprikapulver
300 g Maniokmehl (Bio-La-
den, Supermarkt)
Salz, Pfeffer

Für die Vinaigrette:
½ rote Paprika
1 Tomate
1 Zwiebel
½ Bund Koriandergrün
½ Bund Schnittlauch
4 EL Essig
2 EL Öl
Saft von 1 Zitrone
Salz, Pfeffer

Für die Bohnen 1,5 l Wasser in einen Topf geben. Die getrockneten Bohnen abbrausen. Die Zwiebel schälen und in große Würfel schneiden. Koriandergrün waschen, trocken schütteln, die Blätter abzupfen und die Stängel klein hacken. Zwiebel, Koriander, Butter und Salz ins Wasser geben und dieses zum Kochen bringen. Sobald es zu kochen beginnt, die getrockneten Bohnen hinzufügen und zugedeckt bei kleiner Hitze in ca. 25 Min. weich kochen. Beiseitestellen.

Inzwischen für den Tofu Zwiebel und Knoblauch schälen und hacken. Den Tofu würfeln. Die Butter in einer Pfanne schmelzen und den Knoblauch darin anbraten. Zwiebel und Tofu dazugeben und bei mittlerer Hitze in ca. 3 Min. goldbraun braten, salzen, pfeffern und beiseitestellen.

Für die Farofa Zwiebel und Knoblauch schälen und hacken. Die Butter erhitzen und den Knoblauch darin braun braten. Die Zwiebel dazugeben und anbraten, das Paprikapulver dazugeben. Alles ca. 2 Min. dünsten. Das Maniokmehl unterrühren und die Mischung mit Salz und Pfeffer würzen.

Für die Vinaigrette die Paprikahälfte waschen, Trennwände und Kerne entfernen, die Hälfte würfeln. Die Tomate waschen und ohne Stielansatz würfeln. Die Zwiebel schälen und würfeln, die Kräuter waschen, trocken schütteln und hacken. Alle vorbereiteten Zutaten mit Essig, Öl und Zitronensaft in einer Schüssel vermischen und mit Salz und Pfeffer abschmecken.

Alle Komponenten in Bowls anrichten und mit der Vinaigrette beträufeln. Jeder mischt sich seine Zutaten selbst nach Geschmack durch.

Man merkt langsam, dass ich ein großer Fan der Bohne bin. Die Augenbohnen in diesem brasilianischen Eintopf sind echtes Superfood und besonders reich an Aminosäuren.

Für 4 Personen
Zubereitungszeit: 1 Std.
Einweichen: über Nacht
Pro Portion ca. 340 kcal,
19 g E, 10 g F, 40 g KH

500 g getrocknete Schwarzaugenbohnen (türk. Supermarkt)
1 Zwiebel
2 Knoblauchzehen
1 kleine grüne Paprika
ca. 2 EL Olivenöl
250 g Tofu
1 kleine Handvoll gehacktes Koriandergrün
2 TL edelsüßes Paprikapulver
Salz
75 g Maniokmehl (Bio-Laden, Supermarkt)

Am Vorabend die Bohnen in einem Sieb waschen und in einer Schüssel mit reichlich Wasser über Nacht einweichen. Am nächsten Tag das Wasser abgießen und die Bohnen in einem Sieb abbrausen. In einen großen Topf geben und mit Wasser bedecken. Zugedeckt bei mittlerer Hitze ca. 25 Min. köcheln lassen.

Inzwischen Zwiebel und Knoblauch schälen, die Zwiebel hacken und den Knoblauch zerdrücken. Die Paprika waschen, halbieren, Trennwände und Kerne entfernen und die Hälften klein hacken. Etwas Öl in einer Pfanne erhitzen. Den Tofu in 4 Stücke schneiden und im Öl in 3-4 Min. knusprig braten. Herausnehmen und in Würfel schneiden. Die Zwiebel im verbliebenen Öl in der Pfanne anbraten, den Knoblauch dazugeben und braun anbraten. Gehackte Paprika, Koriander und Paprikapulver hinzufügen und alles weiterbraten.

Wenn die Bohnen fast gar sind, sollten sie das Wasser aufgesogen haben. Sollte noch Wasser im Topf sein, abgießen. Die Mischung aus der Pfanne dazugeben, alles mit Salz würzen und ca. 10 Min. köcheln lassen. Zum Schluss das Maniokmehl und den Tofu dazugeben und alles gut vermischen.

FEIJÃO-EINTOPF

KIBBE MIT PAPAYASALAT

Als ich in Brasilien unterwegs war, habe ich Kibbe schlichtweg verschlungen. Ich war überrascht, wie gut die Zutaten miteinander harmonieren. Der Bulgur »Trigo para Kibe«, mit dem das Rezept in Brasilien gemacht wird, ist sehr dunkel und schmeckt äußerst würzig. Hier bereite ich die Kibbe mit türkischem Bulgur zu, auch fein!

**Für 4 Personen
Zubereitungszeit: 1 Std.
Pro Portion ca. 470 kcal,
19 g E, 26 g F, 31 g KH**

Für die Kibbe:
100 g Bulgur
200 g Räuchertofu
2 Knoblauchzehen
3-4 Stängel Minze
40 g Feta (Schafskäse)
1 Ei
Salz, Pfeffer
Zimtpulver
1 EL Kokosraspel
4 Paranüsse
Öl zum Braten

Für den Salat:
1 Papaya (ca. 500 g)
2 EL Öl
**1 EL Limetten- oder Zitronen-
saft**
Salz, Pfeffer
1 TL brauner Zucker
1 kleine Chilischote
3-4 Stängel Koriandergrün
2 Maracujas

Für die Kibbe den Bulgur in einer Schüssel mit 200 ml kochendem Wasser übergießen und zugedeckt ca. 15 Min. quellen lassen.

Inzwischen für den Salat die Papaya halbieren, die Kerne herauslösen, die Hälften schälen und würfeln. Öl, Limetten- oder Zitronensaft, Salz, Pfeffer und Zucker mischen. Die Chilischote waschen, halbieren, Trennwände und Kerne entfernen und die Hälften in Streifen schneiden. Den Koriander waschen, trocken schütteln und fein hacken. Beides zum Dressing geben. Die Maracujas halbieren, Fruchtfleisch und Kerne herauskratzen und hinzufügen. Das Dressing mit den Papayawürfeln mischen. Beiseitestellen.

Den Tofu sehr fein reiben, den Knoblauch schälen und durchpressen. Die Minze waschen, trocken schütteln und fein hacken. Den Feta in 4 Würfel schneiden. Den Bulgur mit Tofu, Ei, Salz, Pfeffer und 1 Prise Zimt vermengen. Die Mischung halbieren und eine Hälfte mit Knoblauch und Minze mischen, die andere Hälfte mit den Kokosraspeln.

Ca. 2 TL Kokos-Bulgur in eine Hand nehmen, flach drücken, 1 Stück Feta darauflegen und den Bulgur um den Käse herum festdrücken. Länglich formen und beiseitelegen. 3 weitere Kokos-Kibbe zubereiten. Mit 2 TL Minze-Knoblauch-Bulgur ebenso verfahren, hier je 1 Paranuss einwickeln. Noch 3 Minze-Knoblauch-Kibbe ebenso zubereiten.

In zwei Pfannen ca. 1 cm hoch Öl erhitzen. Die Kibbe darin bei mittlerer Hitze von jeder Seite in ca. 4 Min. knusprig braten. Herausnehmen und auf Küchenpapier entfetten. Mit dem Papayasalat servieren.

CRAZY POTATOES

Im wahrsten Sinne machen diese Kartoffeln einen süchtig und verrückt. Sie sind schnell zubereitet und schmecken so toll, dass man sie als Hauptgang oder als Beilage sehr gut öfter genießen kann und man immer mehr davon will. Die Kombination mit dem argentinischen Chimichurri und der Käsesauce ist eine echte Geschmacksexplosion.

Für 4 Personen
Zubereitungszeit: 25 Min.
Garzeit: 30 Min.
Pro Portion ca. 615 kcal,
17 g E, 38 g F, 45 g KH

Für die Kartoffeln:
800 g Kartoffeln
Salz
ca. 200 ml Öl zum Frittieren
2 EL Butter
50 g Chimichurri-Gewürzmischung (oder 100 g Chimichurri-Paste aus dem Glas)
1 EL Pfeffer
1 TL Sumach (orient. Gewürz)
1 TL Chiliflocken
Kresse zum Garnieren

Für die Käsesauce:
125 g türkischer Kasar-Käse
1 EL Butterschmalz
20 g Mehl (Type 405)
500 ml Vollmilch

Die Kartoffeln waschen und in einem Topf mit Salzwasser bedeckt in 25-30 Min. weich garen.

Inzwischen für die Käsesauce den Käse in kleine Würfel schneiden. Einen Topf auf mittlerer Stufe erhitzen und das Butterschmalz darin schmelzen. Das Mehl hinzufügen und mit einem Schneebesen gründlich in das Butterschmalz einarbeiten. Die Milch langsam dazugießen und unter ständigem Rühren untermischen.

Die Käsewürfel hinzufügen und mit dem Schneebesen weiterrühren, bis sich eine cremige Masse gebildet hat. Einmal kurz kräftig aufkochen, dann die Hitze reduzieren und die Mischung weiterrühren, bis sie flüssig geworden ist. Die Sauce beiseitestellen.

Die Kartoffeln abgießen und abkühlen lassen. Mit der Schale in dünne Scheiben schneiden.

Das Öl zum Frittieren in einen mittelgroßen Topf geben und auf ca. 180° erhitzen. Die Kartoffelscheiben portionsweise hineingeben und in 2-3 Min. goldbraun frittieren. Mit einem Schaumlöffel oder einem kleinen Sieb herausnehmen und in eine Schüssel geben.

Butter, Chimichurri, 1 EL Salz, Pfeffer sowie Sumach und Chiliflocken zu den Kartoffeln geben und die Schüssel schwenken, bis sich alle Zutaten gut vermischt haben. Die heiße Käsesauce dazugeben und weiterschwenken. Die Crazy Potatoes auf Teller verteilen und mit Kresse bestreuen.

AUS DEM OFEN

Ich muss gestehen, dass ich dieses Gericht gerne mehrmals die Woche zubereite. Warum? Es enthält viele meiner Lieblingszutaten: Reis, Paprika, Chilischärfe, Mascarpone. Und es schmeckt unglaublich gut.

Für 4 Personen
Zubereitungszeit: 1 Std.
Pro Portion ca. 520 kcal,
7 g E, 36 g F, 41 g KH

175 g Naturreis
6 Spitzpaprika (ersatzweise rote Paprika)
Salz, Pfeffer
2 EL Olivenöl
1 EL Aceto balsamico
1 Bund Oregano
120 g Kalamata-Oliven (entsteint)
1 Bio-Zitrone
2 Frühlingszwiebeln
1 TL Chiliflocken
150 g Mascarpone

Den Reis waschen und in einem Topf nach Packungsanweisung garen.

Den Backofengrill auf 220° vorheizen und ein Backblech mit Backpapier belegen. Die Spitzpaprika waschen und auf das Blech legen. Mit Salz und Pfeffer bestreuen und mit Öl und Essig beträufeln. Die Paprika ca. 5 Min. im Ofen backen, wenden und auf der anderen Seite ca. 5 Min. backen, bis die Haut dunkle Flecken hat.

Inzwischen den Oregano waschen, trocken schütteln und die Blätter abzupfen. 100 g Oliven grob hacken. Die Zitrone heiß waschen und die Schale abreiben. Die Frühlingszwiebeln waschen, putzen und in dünne Scheiben schneiden.

Den Reis in eine große Schüssel geben. Den Großteil des Oregano, die gehackten Oliven, Zitronenschale, Frühlingszwiebeln, den Großteil der Chiliflocken und den Mascarpone dazugeben und unterrühren. Die Paprika aus dem Ofen nehmen, jeweils längs einschneiden, entkernen und mit der Reismischung füllen.

Das Blech wieder in den Ofen schieben und die Paprika ca. 5 Min. weitergrillen, bis die Füllung warm ist. Die Schoten herausnehmen und mit dem übrigen Oregano, den ganzen Oliven und den übrigen Chiliflocken bestreuen.

GEFÜLLTE SPITZPAPRIKA

MAC & CHEESE

London, 23 Uhr, fast Feierabend in einem noblen Restaurant, wo ich Mac & Cheese als Beilage bestelle. Wow. Der Käse zerfließt im Mund und der Biss der Nudeln ist perfekt. Unbedingt probieren.

Für 4 Personen
Zubereitungszeit: 30 Min.
Backzeit: 35 Min.
Pro Portion ca. 845 kcal,
36 g E, 34 g F, 94 g KH

Salz
500 g kurze Makkaroni
125 g Cheddar
125 g Colby-Jack- oder junger
Gouda
2 Eier
250 ml Vollmilch
50 g griechischer Joghurt
2-3 TL Cajun-Gewürz
Pfeffer
2 EL Butter
Basilikumblätter zum Servieren

Den Backofen auf 180° vorheizen. In einem großen Topf reichlich Salzwasser zum Kochen bringen und die Nudeln darin nach Packungsanweisung bissfest kochen.

Inzwischen beide Käsesorten separat reiben. Die Eier verquirlen. In einer großen Schüssel Milch, Eier, Joghurt, Cajun-Gewürz und Pfeffer vermischen.

Die Nudeln in ein Sieb abgießen, abtropfen lassen und hinzufügen. Butter, Cheddar und die Hälfte des Colby-Jack-Käses hinzufügen und alles gut vermischen. In eine große ofenfeste Form geben und mit Alufolie abdecken.

Den Auflauf im Ofen ca. 25 Min. backen. Die Folie entfernen und den Auflauf mit dem restlichen Colby-Jack-Käse bestreuen. Die Form wieder in den Ofen stellen und alles weitere ca. 10 Min. backen, bis der Käse geschmolzen ist. Am besten die letzten 3 Min. die Grillfunktion dazuschalten.

Die Basilikumblätter in Streifen schneiden. Die Form aus dem Ofen nehmen, den Mac & Cheese mit Basilikum und Pfeffer bestreuen und servieren.

So lecker, so einfach und ganz schnell im Ofen. Häufig habe ich mir dieses Gericht während meiner Ausbildungszeit gemacht, bevor ich ausgegangen bin. Da habe ich allerdings drei oder vier gefüllte Tomaten gegessen.

Für 4 Personen
Zubereitungszeit: 25 Min.
Backzeit: 30 Min.
Pro Portion ca. 190 kcal,
11 g E, 7 g F, 19 g KH

4 große reife Tomaten
1 Zwiebel
1 EL Olivenöl
1 kleine Dose Maiskörner
(140 g Abtropfgewicht)
1 EL frisch gehacktes
Basilikum
1 EL frisch gehackte
Petersilie
200 g Frischkäse
20 g Parmesan
4 EL Semmelbrösel

Außerdem:
Butter für die Form
Basilikumblätter zum Garnieren (nach Belieben)

Die Tomaten waschen und an der Seite mit dem Stielansatz einen Deckel abschneiden. Die Kerne vorsichtig herauskratzen und die Tomaten mit der Öffnung nach unten einige Minuten abtropfen lassen.

Die Zwiebel schälen und hacken. Das Olivenöl in einem Topf erhitzen. Zwiebel, Maiskörner und Kräuter dazugeben und bei mittlerer Hitze ca. 3 Min. braten. Den Frischkäse dazugeben und gut unterrühren. Die Mischung abkühlen lassen.

Inzwischen den Backofen auf 175° vorheizen und eine ofenfeste Form mit Butter einfetten. Die Tomaten mit der Öffnung nach oben in die Form setzen. Den Parmesan reiben. Die Frischkäsemischung in die Tomaten füllen und mit je 1 EL Semmelbrösel und Parmesan bestreuen.

Die Form in den Ofen stellen und die Tomaten 25–30 Min. backen, bis die Oberseite goldbraun ist. Auf Teller verteilen und nach Belieben mit Basilikumblättern garnieren.

GEFÜLLTE TOMATEN

AUBERGINE MIT CHERMOULA

Ja, man merkt wohl, dass ich die Aubergine vergöttere. Ich liebe sie einfach, und zwar in allen Zubereitungen und Kombinationen. Chermoula ist eine Marinade aus der nordafrikanischen Küche, die normalerweise für Fisch und Fleisch verwendet wird. Aber auch zur Aubergine passt sie ausgezeichnet und ist in Verbindung mit dem Bulgur und Joghurt unschlagbar lecker.

Für 4 Personen
Zubereitungszeit: 1 Std.
Ruhezeit: 1 Std.
Backzeit: 35 Min.
Pro Portion ca. 590 kcal,
12 g E, 44 g F, 34 g KH

2 Auberginen
Salz
3 Knoblauchzehen
2 Bio-Zitronen
2 TL gemahlener Kreuzkümmel
1 TL gemahlener Koriander
2 TL edelsüßes Paprikapulver
150 ml Olivenöl
100 g Bulgur
200 ml Gemüsebrühe
½ Bund Koriandergrün
2-3 Stängel Minze
1 EL Mandelblättchen
1 kleine Handvoll Rosinen
200 g griechischer Joghurt

Die Auberginen putzen, waschen, längs in 2-3 cm dicke Scheiben schneiden und kräftig salzen. Auf ein paar Blätter Küchenpapier legen und mit Küchenpapier abdecken. 1 Std. ruhen lassen.

Inzwischen für die Chermoula-Würzpaste den Knoblauch schälen und pressen. Die Zitronen heiß waschen und die Schale abreiben. Knoblauch, Zitronenschale, Kreuzkümmel, Koriander und Paprika in eine Schüssel geben. 1 Zitrone halbieren und den Saft auspressen, die Hälfte des Safts dazugeben. Das Olivenöl unterrühren.

Den Bulgur in eine Schüssel geben, die Brühe aufkochen und darübergießen. Den Bulgur ca. 20 Min. quellen lassen. Gelegentlich umrühren.

Den Backofen auf 180° vorheizen und ein Backblech mit Backpapier belegen. Die Auberginenscheiben abtupfen und auf das Blech legen. Die Chermoula auf den Auberginenscheiben verteilen. Das Blech in den Ofen schieben und die Auberginen ca. 35 Min. backen.

Inzwischen den Bulgur mit dem übrigen Zitronensaft mischen. Die Kräuter waschen, trocken schütteln und hacken. Mandelblättchen, Rosinen, Koriander (bis auf einige Blätter zum Garnieren) und Minze unter den Bulgur rühren und durchziehen lassen.

Die Auberginen aus dem Ofen nehmen und auf Tellern oder einer Platte anrichten. Etwas abkühlen lassen. Den Bulgur daneben verteilen und das Gericht mit dem Joghurt und den übrigen Korianderblättern toppen.

Als Zwiebelfan habe ich die Zwiebeltarte zum ersten Mal in einem Bistro in Paris gegessen. Sie war sehr dunkel karamellisiert und schmeckte wunderbar. Ich wollte sie irgendwann selber ausprobieren, habe viel experimentiert und dabei dieses Rezept entwickelt.

Für 4 Personen
Zubereitungszeit: 40 Min.
Backzeit: 35 Min.
Pro Portion ca. 540 kcal,
7 g E, 36 g F, 47 g KH

4 weiße Zwiebeln
6 Knoblauchzehen
4 Zweige Rosmarin
50 g gesalzene Butter
4 frische Lorbeerblätter
2 EL brauner Zucker
4 EL Apfelessig
Meersalz, Pfeffer
400 g Blätterteig (aus dem Kühlregal)

Außerdem:
ofenfeste Bratpfanne

Die Zwiebeln schälen und quer halbieren. Den Knoblauch schälen und die Zehen halbieren. Den Rosmarin waschen, trocken schütteln, die Nadeln abzupfen und hacken.

Die Butter in einer 26 cm großen ofenfesten Bratpfanne bei mittlerer Hitze schmelzen. Rosmarin und Lorbeerblätter dazugeben. Zucker, Essig und 100 ml Wasser hinzufügen. Die Zwiebelhälften mit der Schnittfläche nach unten in die Pfanne legen.

Den Knoblauch zwischen den Zwiebelhälften verteilen. Alles großzügig mit Meersalz und Pfeffer würzen. Den Deckel auflegen, die Hitze reduzieren und die Zwiebeln ca. 10 Min. dämpfen, damit sie etwas weicher werden. Den Deckel abnehmen und das Gemüse weitergaren, bis die Flüssigkeit beginnt zu karamellisieren, dabei die Pfanne gelegentlich leicht rütteln, damit die Zwiebeln nicht am Boden kleben. Den Backofen auf 220° vorheizen.

Den Teig, falls nötig, auf die Größe der Pfanne zurechtschneiden. Den Teigkreis auf die Zwiebeln legen und mit einem Holzlöffel rundherum in den Rand der Pfanne drücken. Die Pfanne in den Ofen stellen und die Tarte in ca. 35 Min. goldbraun backen. Herausnehmen, kurz ruhen lassen, vorsichtig stürzen und in Stücke schneiden.

ZWIEBELTARTE

Als mein Sohn auf die Welt kam, erzählte mir meine Mutter, dass ich schon mit sechs Monaten verrückt nach diesem Gericht war. Sie tunkte weiches Brot in das Imam Bayildi und gab es mir zum Essen. Noch heute ist es mein Leibgericht und die vegetarische Variante schmeckt mir inzwischen noch besser als die mit Hackfleisch.

Für 4 Personen
Zubereitungszeit: 1 Std.
Garzeit: 40 Min.
Backzeit: 15 Min.
Pro Portion ca. 550 kcal,
5 g E, 51 g F, 16 g KH

4 dünne Auberginen
Salz
Zitronensaft
2 Zwiebeln
200 ml Olivenöl
1 rote Spitzpaprika
2 grüne Spitzpaprika (sivri biber; türk. Supermarkt)
1 kleine Knoblauchknolle
2 Fleischtomaten
4 Stängel Petersilie
½ TL Chiliflocken
1 TL Zucker
Pfeffer

Außerdem:
Öl für die Form und zum Beträufeln
Paprikaringe zum Garnieren
Petersilie und geröstetes Fladenbrot zum Servieren

Die Auberginen waschen, den Stiel dranlassen, je 4 Streifen Schale der Länge nach abziehen. Die Auberginen in kaltes Salzwasser mit Zitronensaft geben.

Die Zwiebeln schälen, längs halbieren und in Streifen schneiden. 100 ml Olivenöl in einem großen Schmortopf erhitzen. Die Zwiebeln darin bei mittlerer Hitze in 10–15 Min. weich dünsten.

Inzwischen alle Paprika waschen und halbieren, Trennwände und Kerne entfernen. Die Hälften quer in feine Streifen schneiden und zu den Zwiebeln geben. Die Knoblauchknolle halbieren und mit der Schnittfläche nach unten in den Topf setzen. Tomaten waschen und ohne Stielansatz würfeln. Petersilie waschen, trocken schütteln und hacken. Chiliflocken, Tomaten, Petersilie und übriges Olivenöl (100 ml) zum Gemüse geben, mit Zucker, Salz und Pfeffer abschmecken.

Die Auberginen auf das Gemüse setzen. Zugedeckt bei mittlerer Hitze in 35–40 Min. weich schmoren. Vorsichtig herausheben und in eine eingeölte ofenfeste Form setzen. Den Backofen auf 200° vorheizen.

Das Gemüse im Topf ca. 15 Min. einköcheln lassen, Knoblauchknolle und -zehen herausfischen und wegwerfen.

Die Auberginen vom Stiel beginnend längs einschneiden. Den Einschnitt mit einem Löffel etwas weiten und die Gemüsemischung vorsichtig hineingeben. Paprikaringe darauflegen und mit Olivenöl beträufeln. Im Ofen (oberste Schiene) 10–15 Min. backen. Das Imam Bayildi lauwarm abkühlen lassen. Mit Petersilie und geröstetem Fladenbrot servieren.

IMAM BAYILDI

SHAKSHUKA

Ähnlich dem türkischen Menemen, aber doch anders im Geschmack und in der Zubereitung: Shakshuka. Ich habe dieses Gericht immer wieder auf meinen Reisen in Israel und den arabischen Ländern gegessen. Und ich muss sagen, überall hat mir diese berühmte Spezialität gleichermaßen lecker geschmeckt.

Für 4 Personen
Zubereitungszeit: 1 Std.
Pro Portion ca. 255 kcal,
13 g E, 19 g F, 7 g KH

1 Zwiebel
1 Knoblauchzehe
1 rote Paprika
2-3 EL Olivenöl
½ TL gemahlener Kreuzkümmel
½ TL edelsüßes Paprikapulver
¼ TL Cayennepfeffer oder Chilipulver
1 Dose geschälte Tomaten (400 g)
Salz, Pfeffer
100 g Feta (Schafskäse)
4 Eier
1 kleine Handvoll Korianderblätter

Außerdem:
ofenfeste Pfanne
Brot zum Servieren

Die Zwiebel schälen, längs halbieren und in sehr dünne Streifen schneiden. Den Knoblauch schälen und fein hacken. Paprika waschen, halbieren, Trennwände und Kerne entfernen und die Hälften quer in feine Streifen schneiden.

Das Olivenöl in einer großen ofenfesten Pfanne (am besten gusseisern) erhitzen. Zwiebel und Paprika darin bei kleiner Hitze unter gelegentlichem Rühren in ca. 10 Min. weich schmoren. Den Knoblauch in den letzten 2-3 Min. hinzufügen. Den Backofen auf 190° vorheizen.

Kreuzkümmel, Paprikapulver und Cayennepfeffer oder Chilipulver in die Pfanne geben und ca. 1 Min. rösten. Die Tomaten aus der Dose hinzufügen und mit dem Pfannenwender vorsichtig zerdrücken. Alles mit Salz und Pfeffer würzen und in 10-15 Min. einkochen lassen.

Den Feta zerbröckeln und unterrühren. Mit einem Löffel vier Mulden in die Tomatenmischung drücken. Die Eier vorsichtig am Pfannenrand aufschlagen und in die Mulden gleiten lassen. Die Eier mit etwas Salz und Pfeffer würzen. Die Pfanne in den Ofen schieben und alles 8-10 Min. backen, bis die Eier gestockt sind.

Die Shakshuka vor dem Servieren mit Korianderblättern bestreuen, die Pfanne auf den Tisch stellen und dicke Scheiben Brot hineintunken.

SOMMERLICHE GEMÜSELASAGNE

Mein Lieblingsitaliener macht die weltbeste Gemüselasagne. Die schmeckt selbst bei schlechtem Wetter nach Hochsommer.

Für 4 Personen
Zubereitungszeit: 1 Std.
Backzeit: 35 Min.
Pro Portion ca. 690 kcal,
32 g E, 47 g F, 35 g KH

1 Stück Butternut-Kürbis
(ca. 750 g)
150 g Parmesan
½ Bund Basilikum
1 Bio-Zitrone
500 g Ricotta
200 g TK-Erbsen
1 TL Chiliflocken
100 g geröstete Mandeln
3 EL Olivenöl
2 EL flüssiger Honig
4 Mini-Zucchini
1 EL Apfelessig

Den Kürbis halbieren, schälen und entkernen, es sollten ca. 650 g Fruchtfleisch sein. Den Parmesan reiben. Das Basilikum waschen, trocken schütteln und die Blätter abzupfen. Die Zitrone heiß waschen, abtrocknen und die Schale fein abreiben, die Zitrone halbieren und auspressen.

Ricotta, Parmesan, Erbsen, Basilikum, Zitronenschale und Chiliflocken in eine Küchenmaschine geben und grob mixen. Die Mandeln hacken. Die Ricottamischung in eine Schüssel umfüllen und drei Viertel der Mandeln dazugeben. Die Mischung bis zur Verwendung abgedeckt kalt stellen.

Den Backofen auf 200° vorheizen. Den Kürbis mit einem Gemüsehobel oder einer Mandoline in ca. 5 mm dicke Scheiben schneiden. In einem Dämpfeinsatz über einem Topf mit etwas Wasser ca. 1 Min. dämpfen. 1 EL Öl mit 1 EL Honig verrühren und den Kürbis damit bestreichen. Ein Viertel der Kürbisscheiben nebeneinander in eine rechteckige ofenfeste Form geben und mit einem Drittel der Ricottamischung bestreichen. Diesen Vorgang noch zweimal wiederholen und mit einer Schicht Kürbis abschließen.

Die Lasagne im Ofen ca. 35 Min. backen, bis die Kürbisscheiben goldbraun und karamellisiert sind.

Inzwischen die Mini-Zucchini putzen, waschen und in dünne Scheiben schneiden. 1 EL Öl in einer Pfanne erhitzen und die Zucchinischeiben kurz darin schwenken. Essig, Zitronensaft, übriges Öl (1 EL) und restlichen Honig (1 EL) dazugeben und mit den Zucchinischeiben vermengen.

Die Lasagne aus dem Ofen nehmen, mit den Zucchinischeiben belegen und mit den übrigen gehackten Mandeln (25 g) bestreuen. Zum Servieren mit dem übrigen Honigdressing aus der Pfanne beträufeln.

Tacos, meistens gefüllt mit Hackfleisch oder Geflügel, sind auch in dieser vegetarischen Variante mit mariniertem Tofu eine Offenbarung. Ich bin ein großer Fan von Kirschtomaten, mag ich lieber als normale Tomaten, da sie ein wenig süßer und fruchtiger sind. Am besten gleich mehr Tofu-Crumbles zubereiten und einfrieren, das verkürzt beim nächsten Mal die Zubereitungszeit.

Für 4 Personen
Zubereitungszeit: 40 Min.
Pro Portion ca. 430 kcal,
16 g E, 17 g F, 49 g KH

1 kleine Zwiebel oder
1 EL Zwiebelpulver
1 Knoblauchzehe oder
1 EL Knoblauchpulver
50 ml Sojasauce
1 EL Chilipaste (Fertig-
produkt)
200 g Tofu
100 g Quinoa
1 kleine Handvoll kleine Chili-
schoten
12 Kirschtomaten
1 rote Zwiebel
1 kleine Dose Maiskörner
(140 g)
1 Handvoll Korianderblätter
1 Limette
8 EL Avocadocreme (Guaca-
mole, selbst gemacht oder
gekauft)
8 Taco-Schalen (Fertig-
produkt)

Den Backofen auf 180° vorheizen und ein Backblech mit Backpapier belegen. Zwiebel und Knoblauch schälen und sehr fein hacken. Sojasauce, gehackte Zwiebel und Knoblauch oder das Pulver sowie die Chilipaste in einer Schüssel verrühren. Den Tofu hacken, mit den Fingern zu Crumbles zerdrücken und gut mit der Marinade vermischen. Auf dem Backblech verteilen und 25–30 Min. backen.

Inzwischen in einem Topf 200 ml Wasser aufkochen und die Quinoa dazugeben. Bei kleiner Hitze ca. 15 Min. sanft köcheln lassen. Den Topf beiseitestellen.

Die Chilischoten waschen, halbieren, Trennwände und Kerne entfernen und die Hälften fein hacken. In ein Schälchen füllen. Die Tomaten waschen, klein schneiden und in ein Schälchen geben. Die Zwiebel schälen, fein würfeln und in ein weiteres Schälchen füllen. Den Mais abgießen und in ein Schälchen geben. Die Korianderblätter ebenfalls in ein Schälchen geben. Die Limette in Spalten schneiden und auf einen kleinen Teller legen. Die Avocadocreme in ein Schälchen füllen.

Die Tofu-Crumbles in eine Schüssel geben, die Quinoa in eine weitere Schüssel füllen. Die Taco-Schalen bereitlegen und alle Schüsseln auf den Tisch stellen. Jeder füllt sich Quinoa, Tofu-Crumbles, Mais, gehackte Chilischoten, Zwiebel- und Tomatenwürfel in seine Tacos. Gefüllte Tacos mit der Avocadocreme toppen, mit Koriander bestreuen und mit Limettensaft beträufeln.

TOFU-TACOS

Der neueste Trend, als Alternative zur Pizza und in Italien schon länger auf den Speisekarten der gehobenen Gastronomie. Das Besondere an der Pinsa ist der Teig aus vier verschiedenen Mehlen, der über Nacht geht und sehr gut verträglich ist. Belegt wird die Pinsa nach Wunsch. Hier heißt es kreativ sein.

Für 4 Personen
Zubereitungszeit: 1 Std.
Ruhezeit: 30 Min. + 24 Std.
+ 1 Std.
Pro Portion ca. 520 kcal,
16 g E, 4 g F, 103 g KH

400 g Mehl (Typ 550)
60 g Dinkelmehl (Typ 630)
90 g Reismehl
30 g Kichererbsenmehl
5 g frische Hefe
5 g Salz
1 EL Olivenöl

Außerdem:
Tomatensauce zum Bestreichen (selbst gekocht oder Fertigprodukt)
Artischockenherzen, schwarze Oliven und Kirschtomaten zum Belegen
Olivenöl zum Beträufeln

Am Vortag alle Mehle in einer Schüssel vermischen. Die Hefe und das Salz in 350 ml kaltem Wasser unter Rühren auflösen und zur Mehlmischung geben. Das Olivenöl ebenfalls hinzufügen.

Alle Zutaten mit den Knethaken des Handrührgeräts oder in der Küchenmaschine ca. 10 Min. verkneten, bis ein geschmeidiger Teig entsteht. Den Teig abgedeckt ca. 30 Min. ruhen lassen, dabei alle 10 Min. kurz durchkneten. Die Schüssel mit einem Geschirrtuch abdecken und 24 Std. in den Kühlschrank stellen.

Am Backtag den Teig ca. 3 Std. vor der Verwendung aus dem Kühlschrank nehmen und Zimmertemperatur annehmen lassen. Anschließend kurz durchkneten und in vier Portionen teilen. Die Teigportionen zu ovalen Fladen formen und mit dem Geschirrtuch abgedeckt ca. 1 Std. ruhen lassen.

Inzwischen schon mal den Backofen auf 240° (Umluft) vorheizen, es ist wichtig, dass die Pinsa in den heißen Ofen kommt, da sie nur sehr kurz gebacken wird.

Die Teigfladen auf ein mit Backpapier belegtes Backblech legen. Mit Tomatensauce bestreichen und mit Artischocken, Oliven und Kirschtomaten belegen. Die Pinsa mit etwas Olivenöl beträufeln und im Ofen ca. 10 Min. backen, bis der Teig am Rand goldbraun und knusprig ist.

PINSA VEGETARIA

FARINATA DI CECI

Der Fladen ähnelt ein bisschen der Focaccia, wird aber mit Kichererbsenmehl zubereitet. Daher eine feine und glutenfreie Alternative und besonders reich an Proteinen.

Für 6 Stücke
Zubereitungszeit: 15 Min.
Backzeit: 27 Min.
Ruhezeit: über Nacht
Pro Stück ca. 465 kcal,
18 g E, 18 g F, 52 g KH

300 g Kichererbsenmehl
2 Dosen Kichererbsen
(à 400 g)
80 ml Olivenöl
1 TL Salz
1 Zweig Rosmarin
Pfeffer

Außerdem:
Pizzablech (34 cm ⌀)
Öl für das Blech

Am Vortag das Kichererbsenmehl mit 500 ml kaltem Wasser in eine Schüssel geben und mit dem Handrührgerät zu einem glatten Teig verrühren. Dabei den Schaum immer wieder entfernen. Den Teig zugedeckt im Kühlschrank über Nacht ruhen lassen.

Am Backtag die Kichererbsen in ein Sieb abgießen und abtropfen lassen. Mit Öl und Salz zum Teig geben und darin pürieren. Den Backofen auf 250° vorheizen und das Pizzablech mit Öl einfetten. Den Rosmarin waschen, trocken schütteln und die Nadeln abzupfen.

Den Teig auf das Blech gießen und mit dem Rosmarin bestreuen. Die Farinata di Ceci im Ofen (unterste Schiene) ca. 12 Min. backen. Die Temperatur auf 200° reduzieren und die Farinata weitere 15 Min. backen, bis sie goldgelb ist.

Herausnehmen und kurz ruhen lassen. Mit Pfeffer übermahlen und wie eine Pizza in Stücke schneiden. Warm genießen.

MELANZANE ALLA PARMIGIANA

Die italienische Verwandte des heiß geliebten »Imam Bayildi« aus der türkischen Küche. Wenn ich mal einen Auberginenauflauf auf italienische Art essen möchte, ist dieses Rezept die beste Wahl. Rotwein und Parmesan liebe ich auch, ein Abendessen also, das für sich spricht und sehr authentisch und lecker ist.

Für 4 Personen
Zubereitungszeit: 45 Min.
Backzeit: 30 Min.
Pro Portion ca. 845 kcal,
48 g E, 59 g F, 23 g KH

4 Auberginen
Salz
1 Zwiebel
2 Knoblauchzehen
ca. 75 ml Olivenöl
2 Dosen geschälte Tomaten
(à 400 g)
1 TL getrockneter Oregano
1 EL Zucker
ca. 100 ml Rotwein
Pfeffer
Chilipulver
4 Päckchen Mozzarella oder
Büffelmozzarella (à 125 g)
200 g Parmesan
Basilikumblätter zum Garnie-
ren (nach Belieben)

Die Auberginen putzen, waschen und längs in dünne Scheiben schneiden. Die Scheiben leicht salzen, aufeinanderlegen und ruhen lassen.

Zwiebel und Knoblauch schälen und fein hacken. 2 EL Olivenöl in einer Pfanne erhitzen und beides darin glasig dünsten. Die Tomaten dazugeben und mit Oregano, Zucker sowie etwas Salz würzen. Den Rotwein dazugießen und die Sauce bei kleiner Hitze ca. 20 Min. sanft köcheln lassen, bei Bedarf noch Rotwein nachgießen.

Die Auberginenscheiben mit einem Küchenpapier trocken tupfen. 2 EL Olivenöl in einer großen Pfanne erhitzen und die Auberginenscheiben darin portionsweise pro Seite 2–3 Min. anbraten, bis sie schön weich sind. Herausnehmen, auf Küchenpapier entfetten und beiseitelegen. Den Backofen auf 180° vorheizen.

Die Tomatensauce mit Salz, Pfeffer, Chilipulver und etwas Olivenöl abschmecken. Den Mozzarella in Scheiben schneiden und den Parmesan reiben.

In eine große Auflaufform abwechselnd Auberginenscheiben, Tomatensauce, ein paar Scheiben Mozzarella und etwas Parmesan schichten. Als letzte Schicht Tomatensauce einfüllen, mit Mozzarella belegen, mit Parmesan bestreuen und mit Olivenöl beträufeln. Den Auflauf im Ofen ca. 30 Min. backen, bis sich eine schöne Kruste gebildet hat. Vor dem Servieren nach Belieben mit Basilikumblättern garnieren.

Ich bin früher eigentlich kein großer Fan von Zucchini gewesen, doch in dieser Kombination ist das Gemüse einfach viel zu lecker, um darauf verzichten zu können.

Für 2 Personen
Zubereitungszeit: 30 Min.
Backzeit: 40 Min.
Pro Portion ca. 485 kcal,
29 g E, 29 g F, 26 g KH

3 Zucchini
1 große Zwiebel
2 Knoblauchzehen (nach Belieben)
3 Scheiben Toastbrot
100 ml Milch
1 EL Öl
Salz, Pfeffer
2 Eier
3 Scheiben Emmentaler

Die Zucchini putzen, waschen und in dünne Scheiben schneiden. Die Zwiebel schälen und würfeln. Nach Belieben den Knoblauch schälen und fein hacken oder durchpressen. Das Toastbrot in der Milch einweichen.

Das Öl in einer Pfanne bei mittlerer Hitze erhitzen und die Zwiebel darin in ca. 5 Min. glasig dünsten. Den Knoblauch hinzufügen und ca. 1 Min. mitdünsten. Die Zucchinischeiben dazugeben und in 8-10 Min. garen. Mit Salz und Pfeffer würzen. Den Backofen auf 180° vorheizen.

Das Brot ausdrücken, zu den Zucchini geben und gut untermischen (die restliche Milch wegschütten). Die Zucchinimischung in eine ofenfeste Form füllen und ca. 5 Min. leicht abkühlen lassen.

Inzwischen die Eier trennen und die Eiweiße in einer Schüssel zu steifem Schnee schlagen. Die Eigelbe zu den Zucchini geben und gut unterrühren. Den Eischnee vorsichtig unterheben. Die Käsescheiben darauflegen und den Auflauf im Ofen 35-40 Min. backen, bis der Käse goldbraun und geschmolzen ist. Warm servieren.

CHILENISCHER ZUCCHINI-AUFLAUF

SCHNECKENBÖREK

Während der Schulzeit war das oft in meiner Lunchbox. Die Herstellung ist nicht ganz einfach, aber die Mühe lohnt sich.

Für 4 Personen
Zubereitungszeit: 1 Std.
30 Min.
Backzeit: 30 Min.
Pro Portion ca. 605 kcal,
20 g E, 36 g F, 50 g KH

ca. 150 ml Öl
1 Zwiebel
1 Knoblauchzehe
2 Frühlingszwiebeln
2 kleine Süßkartoffeln
500 g frischer Baby-Blatt-
spinat
Pfeffer
1 TL gemahlener Kreuz-
kümmel
1 EL Chiliflocken
150 g türkischer Joghurt
50 ml Milch
1 Ei
200 g Feta (Schafskäse)
2 große, runde Yufka-Teig-
blätter
1 EL Schwarzkümmelsamen
1 EL weißer Sesam

Den Backofen auf 180° vorheizen und ein Backblech oder eine große runde Backform mit etwas Öl bestreichen.

Zwiebel und Knoblauch schälen und in feine Würfel schneiden. Die Frühlingszwiebeln putzen, waschen und in Ringe schneiden. Die Süßkartoffeln schälen und raspeln. Etwas Öl in einer sehr großen Pfanne erhitzen und die Zwiebel darin bei mittlerer Hitze andünsten. Knoblauch, Frühlingszwiebeln und Süßkartoffelraspel dazugeben und mitdünsten.

Den Baby-Blattspinat waschen, trocken schleudern und grob hacken. Zum Gemüse geben und zusammenfallen lassen. Mit Pfeffer, Kreuzkümmel und Chiliflocken würzen.

Joghurt, Milch, Ei und 2 EL Öl zu einer sämigen Masse verrühren. Den Feta mit den Händen zerkrümeln und unter die Spinat-Süßkartoffel-Mischung rühren.

Die Yufka-Teigblätter vorsichtig auseinanderfalten und mit einem Messer halbieren. Die halben Teigblätter mit der Joghurtmischung bestreichen, bis sie schön feucht sind, dabei aber nicht die ganze Joghurtmischung verbrauchen. Dann entlang der Schnittkante des Teigs einen Streifen Füllung legen, dabei zu den Rändern hin etwas Platz lassen.

Zum Aufrollen die Seiten über die Füllung schlagen und den Teig dann vorsichtig von unten zu einer langen Art Wurst aufrollen. Alle vier Teigportionen füllen und zu langen Würsten rollen. Die Teigwürste nun von außen beginnend schneckenförmig auf das Backblech oder in die Backform legen, bis man eine große Schnecke erhält. Oder vier kleine Schnecken formen und auf das Blech legen.

Die übrige Joghurtmischung auf die Börek streichen und mit Schwarzkümmel- und Sesamsamen bestreuen. Die Börek im Ofen (mittlere Schiene) ca. 30 Min. backen.

FUGAZZA

Das erste Mal habe ich diese sehr leckere Pizza probiert, als ich 2014 in Buenos Aires als Gast-Bartender eingeladen war.

Für 6 Stücke
Zubereitungszeit: 1 Std.
Gehzeit: 2 Std.
Pro Stück ca. 695 kcal,
26 g E, 22 g F, 98 g KH

1 TL Zucker
2 TL Trockenhefe
800 g Mehl (Type 550)
ca. 4 EL Olivenöl
Salz
1 große weiße Zwiebel
2–3 TL getrockneter Oregano
80 g Parmesan
200 g Mozzarella

Außerdem:
Pizzablech (34 cm ⌀)
Öl für Schüssel und Blech

In eine kleine Schüssel 250 ml warmes Wasser geben, den Zucker einrühren und die Hefe auf das Wasser streuen. 10 Min. beiseitestellen, bis die Mischung sprudelt.

Mehl, 3 EL Olivenöl und 2 TL Salz in einer Schüssel mit dem Knethaken kurz verrühren. Die Hefe-Wasser-Mischung hinzufügen und 5–10 Min. kneten, bis sich die Zutaten zu einem weichen, elastischen Teig vermischen und sich von den Seiten der Schüssel lösen. Falls der Teig zu feucht ist, etwas Mehl hinzufügen, wenn er zu trocken, krümelig oder fest ist, etwas Wasser dazugeben.

Eine große Schüssel mit etwas Olivenöl einölen und den Teig hineingeben. Mit Frischhaltefolie abdecken und ca. 2 Std. gehen lassen, bis er sein Volumen verdoppelt hat.

Inzwischen die Zwiebel schälen, längs halbieren und in sehr dünne Streifen schneiden. In eine Schüssel mit kaltem Salzwasser geben und ca. 30 Min. einweichen. Gut abtropfen lassen und mit Küchenpapier trocken tupfen.

Den Teig durchkneten und zu einer glatten Kugel formen. Das Pizzablech mit Olivenöl einfetten. Die Teigkugel in die Mitte legen und mit den Fingern etwas flach drücken. Den Teig immer weiter nach außen hin flach drücken und zum Rand des Blechs schieben, zwischendurch entspannen lassen. Der Teig soll den Boden des Blechs komplett bedecken.

Den Backofen auf 220° vorheizen. Die Zwiebeln auf dem Teig verteilen, mit dem übrigen Olivenöl (1 EL) beträufeln und mit dem Oregano bestreuen.

Die Fugazza im Ofen ca. 15 Min. backen. Inzwischen den Parmesan reiben und den Mozzarella in Scheiben schneiden. Fugazza herausnehmen, mit Mozzarella belegen und mit Parmesan bestreuen. Wieder in den Ofen geben und ein paar Minuten backen, bis sie goldbraun und an den Rändern knusprig ist. Herausnehmen und in Pizzastücke schneiden.

FRANZÖSISCHE ZWIEBELSUPPE

New York. Nach einem üppigen Frühstück mit pochierten Eiern und vielen weiteren Leckereien sah ich zufällig auf der Mittagskarte »Onion Soup Gratinée«. Ich wartete bis mittags an der Bar. Bestellte die Zwiebelsuppe. Ein unglaubliches Aroma – als ich den Käse unter die Suppe gerührt und dabei einen Bissen vom krossen Baguette genommen habe, war es um mich geschehen.

Für 6 Personen
Zubereitungszeit: 1 Std.
Garzeit: 45 Min.
Pro Portion ca. 560 kcal,
16 g E, 34 g F, 30 g KH

500 g Zwiebeln
4 EL kalt gepresstes Olivenöl
Meersalz, Pfeffer
2 Knoblauchzehen
100 g Butter
2 Lorbeerblätter
300 ml trockener Weißwein
100 ml weißer Portwein
2 l Gemüsebrühe
Cayennepfeffer
250 g Gruyère
12 Scheiben französisches Baguette

Die Zwiebeln schälen und in Scheiben schneiden. Das Olivenöl in einem großen Topf stark erhitzen. Die Zwiebeln, 1 Prise Meersalz und etwas Pfeffer hinzufügen und umrühren. Die Hitze reduzieren und die Zwiebeln bei mittlerer Hitze ca. 30 Min. schmoren, bis sie dunkel karamellisiert sind. (Das ist sehr wichtig für das Aroma der Suppe.)

Den Knoblauch schälen und hacken. Knoblauch, Butter, Lorbeerblätter sowie 1 Prise Salz und etwas Pfeffer zu den Zwiebeln geben. Alles weitere ca. 10 Min. bei mittlerer Hitze kochen lassen. Weißwein und Portwein hinzufügen und in 20-25 Min. auf die Hälfte einkochen.

Die Gemüsebrühe dazugießen und die Suppe zugedeckt bei mittlerer Hitze ca. 45 Min. kochen, bis die Aromen verschmelzen. Inzwischen den Gruyère reiben.

Die Lorbeerblätter entfernen, die Suppe mit Cayennepfeffer abschmecken und in sechs ofenfeste Schalen füllen. Jede Portion mit 2 Scheiben Baguette und einem Sechstel des geriebenen Gruyères belegen. Den Backofengrill anstellen und die Suppenschalen ca. 4 Min. unter den Grill stellen, bis der Käse geschmolzen und goldbraun ist.

Die Schalen mit Ofenhandschuhen vorsichtig herausnehmen und vor dem Servieren leicht abkühlen lassen.

BISCOITO DE POLVILHO

Ein typischer brasilianischer Snack, der eigentlich überall gereicht wird. Ich habe ihn öfter in Bars gesehen und gegessen. Vor allem hilft er, den Kater am Tag nach der Tour durch die Bars zu mildern: also die Drinks am Abend unbedingt mit den Biscoito genießen!

Für 4 Personen
Zubereitungszeit: 1 Std.
Pro Portion ca. 885 kcal,
11 g E, 35 g F, 130 g KH

50 g Parmesan
600 g Maniokmehl
1 Zweig Rosmarin
150 ml Milch
100 ml Öl
½ EL Salz
3 Eier

Außerdem:
Öl zum Arbeiten
geschmolzene Butter zum
Servieren (nach Belieben)

Den Parmesan in eine hitzebeständige Schüssel reiben. Das Maniokmehl hinzufügen und beides sehr gründlich vermischen. Beiseitestellen.

Den Rosmarin waschen und trocken schütteln, die Nadeln abzupfen und fein hacken. In einem kleinen Topf Milch, Öl, Salz und Rosmarin verrühren und aufkochen. Vom Herd nehmen und heiß über die Mehl-Parmesan-Mischung gießen. Alle Zutaten mit einem Holzlöffel gründlich verrühren.

Die Eier auf eine Seite der Schüssel geben und mit einer Gabel kurz verquirlen. Mit den Händen 3–4 Min. mit der Mehlmischung verkneten, bis ein homogener Teig entsteht.

Den Backofen auf 180° vorheizen. Zwei bis drei Backbleche mit Backpapier belegen und beiseitestellen.

Die Hände mit 1 Tropfen Öl leicht einfetten. 1–2 EL Teig abnehmen, in eine Handfläche geben und zu einer Kugel rollen. Aus der Kugel ein langes Stäbchen formen. Den gesamten Teig auf diese Weise zu Stäbchen formen (je nach Größe werden es 20 bis 45 Stück).

Die Biscoito mit 3–4 cm Abstand zueinander auf den Backblechen verteilen. Im Ofen nacheinander 13–15 Min. backen, bis sie aufgegangen und leicht goldbraun sind. Herausnehmen und warm servieren. Wer möchte, bestreicht sie mit etwas geschmolzener Butter.

CIHANS

SPECIALS

Ich liebe Burger über alles, den besten meines Lebens habe ich im Restaurant »Minetta Tavern« in New York City gegessen: den »Black Label Burger«. Am nächsten Tag entdeckte ich eine Straße weiter einen kleinen Shop, der Quinoa-Burger verkaufte. Geschmack sensationell, Gefühl wie im Paradies, Burger fleischlos und ich dennoch im siebten Himmel. Probieren – go!

Für 4 Personen
Zubereitungszeit: 1 Std.
Pro Portion ca. 710 kcal,
31 g E, 39 g F, 56 g KH

150 g Quinoa
100 g Cannellini-Bohnen (aus der Dose)
5 Eier
1 Knoblauchzehe
100 g scharfer Cheddar
50 g Gruyère
50 g Panko (grobe Semmelbrösel)
1 TL Chipotle-Chilipulver
Salz, Pfeffer
Öl zum Braten
4 Burgerbrötchen
4 EL Avocadocreme (Guacamole; selbst gemacht oder gekauft)
Kräuter zum Bestreuen

Die Quinoa in einem Sieb abbrausen. Mit 300 ml Wasser in einen Topf geben und zugedeckt bei kleiner Hitze nach Packungsanweisung 10-15 Min. köcheln.

Inzwischen die Cannellini-Bohnen in ein Sieb abgießen und abtropfen lassen. In einen hohen Rührbecher geben und mit dem Pürierstab pürieren. 1 Ei verquirlen, den Knoblauch schälen und fein hacken oder reiben. Cheddar und Gruyère separat reiben und beiseitestellen.

Die fertige Quinoa in eine Schüssel geben. Bohnenpüree, Panko, Ei, Knoblauch, Chilipulver, Cheddar und je 1 Prise Salz und Pfeffer hinzufügen und alles gut vermischen. Aus der Mischung 4 gleich große runde Pattys formen. Auf einen Teller legen und abgedeckt kurz in den Kühlschrank stellen, dann werden sie etwas fester.

Öl in einer großen Pfanne stark erhitzen. Die Pattys hineingeben und bei mittlerer bis großer Hitze auf jeder Seite in ca. 5 Min. goldbraun und knusprig braten. Kurz vor Ende der Garzeit den Gruyère daraufstreuen. Den Deckel auflegen und alles kurz weiterbraten, bis der Käse geschmolzen ist.

Die übrigen 4 Eier in einer Pfanne in etwas Öl zu Spiegeleiern braten. Die Burgerbrötchen durchschneiden und die Brötchenhälften im Toaster kurz rösten. Mit Avocadocreme bestreichen, mit 1 Quinoa-Patty belegen, je 1 Spiegelei daraufsetzen und das Ganze mit Kräutern bestreuen.

CRISPY QUINOA-BURGER

ROTE-BETE-HUMMUS

Rote Bete im Hummus, das erste Mal probiert in München und so lecker, dass ich mich gleich daranmachte, das Rezept selber auszuprobieren. Es lohnt sich, Liebe und Zeit in die Zubereitung zu stecken.

Für 4 Personen
Zubereitungszeit: 20 Min.
Garzeit: 1 Std.
Pro Portion ca. 415 kcal,
11 g E, 31 g F, 19 g KH

2 große Rote Beten
4 Knoblauchzehen
250 g Kichererbsen (aus der
Dose)
75 g Tahin (Sesampaste)
2 EL Mandelbutter
1 EL weiße Misopaste
Saft von 1 Zitrone
2 EL Aceto balsamico
30 ml Olivenöl
Salz, Pfeffer

Außerdem:
1 kleine Handvoll weißer Se-
sam
1 kleine Handvoll Pinienkerne
Olivenöl zum Beträufeln
Fladenbrot zum Servieren

Den Backofen auf 200° vorheizen. Die Roten Beten und die Knoblauchzehen zusammen in Alufolie wickeln. Das Päckchen auf ein Backblech legen und die Roten Beten im Ofen ca. 1 Std. garen. Herausnehmen und abkühlen lassen. Anschließend schälen oder die Haut abreiben, die Knoblauchzehen schälen.

Die Kichererbsen abtropfen lassen und in die Schüssel einer Küchenmaschine geben. Tahin, Mandelbutter, Misopaste und Zitronensaft hinzufügen und die Mischung glatt pürieren. Etwas Wasser untermixen.

Die gerösteten Roten Beten grob zerkleinern und mit dem Knoblauch dazugeben. Den Essig hinzufügen. Bei laufender Maschine das Olivenöl dazufließen lassen, bis der Hummus glatt und cremig ist. Mit Salz und Pfeffer abschmecken.

Sesam und Pinienkerne in einer Pfanne ohne Fett rösten und auf den Hummus streuen. Mit Olivenöl beträufeln und mit Fladenbrot oder anderem Lieblingsbrot genießen.

Im Ramen-Shop in Tokio gab man mir versehentlich die vegane Speisekarte. Ich war neugierig, warf einen Blick hinein und bestellte ein Gericht. Es war himmlisch gut. Manchmal sind es die kleinen Zufälle im Leben.

Für 6 Personen
Zubereitungszeit: 1 Std.
Pro Portion ca. 620 kcal,
34 g E, 25 g F, 61 g KH

600 g fester Tofu
2 Zwiebeln
4 Knoblauchzehen
Öl zum Braten
400 g Ramen-Nudeln
2 l Shiitake-Dashi (Brühe;
Asialaden)
6 EL Mirin (jap. Reisweis)
6 TL Togarashi (jap. Gewürzmischung, Asialaden)
2 EL Essig
6 Eier
4 Frühlingszwiebeln
200 g fermentierte Bambussprossen (Asialaden)
250 ml Shoyu-Tare (jap.
Würzsauce; Asialaden)

Den Tofu 1 cm groß würfeln, die Zwiebeln schälen und sehr fein würfeln. Den Knoblauch schälen und fein hacken. In einer Pfanne 2 cm hoch Öl erhitzen. Zwiebel, Knoblauch und Tofu darin bei mittlerer Hitze rundherum anbraten. Herausnehmen und auf Küchenpapier entfetten.

Die Ramen-Nudeln nach Packungsanweisung kochen und in ein Sieb abgießen. Die Shiitake-Dashi in einem großen Topf zum Kochen bringen, mit Mirin und Togarashi würzen und weiterköcheln lassen.

Wasser in einem Topf aufkochen. Die Hitze reduzieren und den Essig dazugeben. Das Wasser mit einem Kochlöffel in eine langsam kreisende Bewegung bringen. Die Eier einzeln in Schälchen aufschlagen und nacheinander vorsichtig in das Wasser gleiten lassen. 3–4 Min. ziehen lassen, bis das Eiweiß fest geworden ist. Mit einer Schaumkelle herausnehmen und auf Küchenpapier abtropfen lassen.

Die Frühlingszwiebeln waschen, putzen und in Ringe schneiden. Die Shoyu-Tare in vorgewärmte Suppenschalen geben. Kochend heiße Dashi-Brühe dazugeben und die Nudeln hinzufügen. Tofu, Bambussprossen, je 1 pochiertes Ei und die Frühlingszwiebeln hinzufügen, die Suppe sofort servieren.

RAMEN-SUPPE

COUSCOUS
»DINNER«

Ich bin jedes Mal glücklich, wenn mir eine neue Variation des Rezepts gelingt, jede kleine Abweichung kann zu tollen Überraschungen führen. Doch die wichtigste Zutat ist immer die Zitrone.

Für 4 Personen
Zubereitungszeit: 30 Min.
Pro Portion ca. 520 kcal,
14 g E, 17 g F, 75 g KH

350 g Couscous
3 TL edelsüßes Paprikapulver
2 TL gemahlener Kreuz-
kümmel
Meersalz
2 rote Zwiebeln
1 Gurke
4 Tomaten
2 rote Chilischoten
1 Bund Minze
½ Bund Koriandergrün
1 Bund Petersilie
2 EL Tomatenmark
1½ Bio-Zitronen
6 EL Olivenöl
Pfeffer

Couscous, Paprika, Kreuzkümmel und 1 ordentliche Prise Meersalz in eine große Schüssel geben und verrühren. Gerade so viel kochendes Wasser dazugießen, dass der Couscous bedeckt ist. Die Schüssel abdecken und den Couscous ca. 10 Min. quellen lassen.

Inzwischen die Zwiebeln schälen und fein hacken. Die Gurke putzen, waschen und fein würfeln. Die Tomaten waschen und ohne Stielansatz würfeln. Die Chilischoten waschen, halbieren, Trennwände und Kerne entfernen und die Hälften fein hacken. Die Kräuter waschen und trocken schütteln. Die Blätter von Minze und Koriander abzupfen und fein hacken, die Petersilie mit den Stängeln fein hacken.

Das Tomatenmark zum Couscous geben und gut unterrühren. Das klein gewürfelte Gemüse, die Chili und die Kräuter ebenfalls dazugeben und gut vermischen.

Die Zitronen heiß waschen und abtrocknen. Die Schale abreiben, die ganze Zitrone halbieren und alle Hälften auspressen. Schale und Saft zum Couscous geben. Das Öl hinzufügen und unterrühren. Den Couscoussalat mit Salz und Pfeffer abschmecken und warm oder kalt genießen.

MANTA MANTI

Omas Küche in Istanbul war ein magischer Ort. Ihre Manti waren genial. Ich wünsche mir einen Tag in Omas Küche zurück.

Für 4 Personen
Zubereitungszeit: 2 Std.
Pro Portion ca. 685 kcal,
21 g E, 29 g F, 80 g KH

300 g Mehl (Type 405)
1 TL Meersalz
1 Ei
8 EL Olivenöl
2 Knoblauchzehen
500 g cremiger Joghurt
Salz
1 Zwiebel
1 kleines Bund Petersilie
1 Dose Kichererbsen (400 g)
2 TL gemahlener Kreuz-
kümmel
2 TL Chiliflocken
Pfeffer
1 EL türkische Paprikapaste
oder Tomatenmark
1-2 TL getrocknete Minze
1 TL Sumach (orient. Gewürz)

Außerdem:
Mehl zum Arbeiten
Fett für die Form

Mehl und Meersalz in eine Schüssel sieben. In die Mitte eine Mulde drücken. Das Ei verquirlen. Mit 100 ml Wasser hineingeben. Das Mehl mit den Händen in die Flüssigkeit ziehen und alle Zutaten zu einem Teig verrühren. 2 EL Öl dazugeben und den Teig 5-8 Min. kneten, bis er glatt, elastisch und fest ist. Mit einem Geschirrtuch abgedeckt im Kühlschrank ca. 30 Min. ruhen lassen.

Inzwischen den Knoblauch schälen, zerdrücken, mit dem Joghurt verrühren, salzen und abgedeckt beiseitestellen.

Die Zwiebel schälen und fein hacken. Die Petersilie waschen, trocken schütteln und fein hacken. 1 EL Öl in einer Pfanne erhitzen und die Zwiebel darin weich dünsten. Salzen, pfeffern und die Petersilie unterrühren. Die Kichererbsen in einem Sieb abbrausen, in eine große Schüssel geben und mit einem Kartoffelstampfer zerdrücken. Zwiebel, 1 EL Öl, Kreuzkümmel und 1 TL Chiliflocken unterrühren. Mit Salz und Pfeffer würzen und alle Zutaten gut vermischen.

Den Teig auf einer leicht bemehlten Fläche zu einem sehr dünnen Rechteck ausrollen und mit einem scharfen Messer in ca. 4 cm große Quadrate schneiden. Die Füllung zu kichererbsengroßen Kugeln formen und je 1 Kugel auf jedes Teigquadrat setzen. Die jeweils gegenüberliegenden Teigecken über der Füllung zusammenfassen, sodass man einen Beutel erhält. Die Nähte zusammendrücken.

Manti zubereiten, bis die Zutaten aufgebraucht sind. Den Backofen auf 180° vorheizen und die Manti nebeneinander in eine gefettete ofenfeste Form setzen. Im Ofen in 8-10 Min. goldgelb backen, herausnehmen und abkühlen lassen.

Reichlich Wasser mit 1 Prise Salz in einem großen Topf aufkochen. Die Manti vorsichtig hineinlegen und bei kleiner Hitze 8-10 Min. garen. Mit einem Schaumlöffel herausheben, abtropfen lassen und auf einen Servierteller geben.

Das übrige Öl (4 EL) in einer Pfanne erhitzen, Paprikapaste, übrige Chiliflocken (1 TL), Minze und Sumach untermischen und 1-2 Min. köcheln lassen. Die Manti mit Knoblauchjoghurt toppen und mit Sauce beträufeln.

Wenn Gourmets den Namen »Lung King Heen« hören, läuft ihnen das Wasser im Mund zusammen. Denn dieser Gourmettempel in Hongkong, ausgezeichnet mit drei Michelin-Sternen, ist das Nonplusultra für Dim Sum und Dumplings. Wer keine Reservierung bekommt, kann sich mit den ebenfalls perfekten im »Din Tai Fung« trösten. Oder selbst machen!

Für 2 Personen
Zubereitungszeit: 1 Std.
Pro Portion ca. 470 kcal,
13 g E, 11 g F, 78 g KH

200 g Mehl (Type 405)
1 TL Salz
2 Frühlingszwiebeln
1 kleine Möhre
50 g Weißkohl
30 g Rotkohl
1 Knoblauchzehe
1 EL Öl
5 EL Sojasauce
2 TL Reisessig
2 TL Sesamöl
2 TL Zucker

Außerdem:
Mehl zum Arbeiten
Bambusdämpfer

Mehl und Salz in einer Schüssel mischen. 150 ml heißes Wasser dazugießen und die Zutaten mit den Händen in 5–10 Min. zu einem glatten Teig kneten. Die Schüssel luftdicht abdecken und den Teig ca. 30 Min. ruhen lassen.

Inzwischen die Frühlingszwiebeln, die Möhre und beide Kohlsorten putzen, waschen und sehr klein schneiden. Den Knoblauch schälen und sehr fein hacken. Das Öl bei mittlerer Hitze in einer Pfanne erhitzen und die vorbereiteten Zutaten darin 2–3 Min. andünsten. Mit 1 EL Sojasauce würzen.

Den Teig in 8 Portionen teilen. Jede Teigportion zu einer glatten Kugel formen und diese mit dem Handballen auf einer bemehlten Arbeitsfläche zu einem ca. 5 cm großen Kreis flach drücken. Mit einem dünnen Nudelholz zu einem ca. 10 cm großen Kreis ausrollen. Alle Teigstücke auf diese Weise ausrollen.

Je 1 EL Füllung in die Mitte setzen. Die Teigkreise am Rand mit Wasser befeuchten, die Ränder anheben und über der Füllung zu einem Beutel zusammenfassen, sodass die Füllung gut eingeschlossen ist.

Einen Bambusdämpfer mit Backpapier auslegen und die Dumplings hineinsetzen, ohne dass sie sich berühren; falls nötig, portionsweise vorgehen. Den Bambusdämpfer auf einen passenden Topf mit wenig Wasser setzen und die Dumplings zugedeckt in ca. 10 Min. gar dämpfen.

Die übrige Sojasauce (4 EL), Essig, Sesamöl und Zucker verrühren. Die Dumplings in den Dip tauchen und genießen.

JIAOZI-DUMPLINGS

PASTA »RASPUTIN«

Ich bin eigentlich kein großer Fan von Alkohol im Essen. Doch wenn man Gäste hat und in einem Menü vielleicht als Hauptgang eine Pasta servieren möchte und dazu keinen Wein trinkt, dann finde ich dieses Gericht ideal. Es sollte aber auf keinen Fall der billigste Wodka sein.

**Für 4 Personen
Zubereitungszeit: 30 Min.
Pro Portion ca. 655 kcal,
17 g E, 20 g F, 78 g KH**

**400 g Rigatoni
Salz
1 Zwiebel
4 Knoblauchzehen
50 ml Olivenöl
1 Dose stückige Tomaten
(400 g)
150 ml Wodka
50 g Parmesan
50 g Sahne
1 Msp. gemahlene Kurkuma
Pfeffer**

Die Nudeln in reichlich gesalzenem Wasser nach Packungsanweisung al dente kochen. Inzwischen Zwiebel und Knoblauch schälen, die Zwiebel fein hacken und den Knoblauch in dünne Scheiben schneiden. Das Öl in einer großen Pfanne erhitzen. Zwiebel und Knoblauch darin bei mittlerer Hitze unter Rühren ca. 5 Min. dünsten, bis sie weich sind. Die Tomaten dazugeben und unter Rühren ca. 2 Min. mitdünsten.

Den Wodka hinzufügen und alles 4-5 Min. kochen lassen. Die Nudeln in ein Sieb abgießen, dabei etwas Kochwasser auffangen. Den Parmesan fein reiben. Parmesan, Sahne, Kurkuma und etwas Nudelkochwasser unter die Sauce rühren und das Ganze zum Köcheln bringen.

Die Pfanne vom Herd nehmen und die Sauce mit Salz und Pfeffer abschmecken. Die Nudeln unterrühren, bis sie von der Sauce umhüllt sind. Das Gericht sofort servieren.

RATATOUILLE

Nach dem Film »Ratatouille« machte ich mich auf die Suche nach der besten und einfachsten Ratatouille der Welt. Das hat mich inspiriert, puristischer zu werden in meinen Rezepten. Danke, Rémy Ratte!

Für 2 Personen
Zubereitungszeit: 30 Min.
Garzeit: 2 Std.
Pro Portion ca. 605 kcal,
9 g E, 52 g F, 24 g KH

1 Aubergine
1 Schalotte
1 rote Paprika
1 grüne Paprika
½ gelbe Paprika
1 Zucchino
400 g reife Tomaten
2-3 Knoblauchzehen
¼ Bund Petersilie
2 Zweige Thymian
1 Stängel Oregano
100 ml Olivenöl
100 ml Gemüsebrühe
1 TL Ahornsirup (alternativ 1 Prise Zucker)
Meersalz, Pfeffer
1 Handvoll Basilikumblätter
zum Garnieren

Die Aubergine putzen, waschen oder mit einem Sparschäler schälen und in Würfel schneiden. Die Schalotte schälen und fein hacken. Alle Paprika waschen, halbieren, Trennwände und Kerne entfernen und die Hälften würfeln. Den Zucchino putzen, waschen und würfeln. Die Tomaten waschen, halbieren, entkernen und ohne den Stielansatz würfeln. Knoblauch schälen und zerdrücken. Petersilie, Thymian und Oregano waschen und mit Küchengarn zusammenbinden.

Das Öl bei mittlerer Hitze in einem schweren Topf, einem Schmortopf oder einer Tajine erhitzen. Die Auberginenwürfel dazugeben und andünsten. Schalotte und Paprika hinzufügen und unter gelegentlichem Rühren 2-3 Min. anbraten. Zucchini, Tomaten, Brühe, das Kräutersträußchen und den Ahornsirup hinzufügen.

Die Hitze reduzieren und die Ratatouille bei kleiner Hitze mit leicht geöffnetem Deckel ca. 2 Std. schmoren.

Die Ratatouille mit Meersalz und Pfeffer abschmecken. Zum Servieren in eine große Schale füllen und mit den Basilikumblättern bestreuen. Alles mit sehr viel Liebe machen, wie bei »Ratatouille«!

In der Schule habe ich mich gewundert, dass die deutschen Kinder mir ihr Essen zum Tausch anboten, wenn ich mein Brot – gefüllt mit ungeliebtem Mücver – nicht essen wollte. Doch mit der Zeit habe ich die Zucchinipuffer lieben gelernt und frage jedes Mal zuhause an, ob meine Mama mir welche zum Mitnehmen macht. Mir schmecken sie am nächsten Tag am besten.

Für 4 Personen
Zubereitungszeit: 1 Std.
Pro Portion ca. 435 kcal,
21 g E, 28 g F, 25 g KH

1 kg Zucchini
Salz
1 Bund Frühlingszwiebeln
2-3 Stängel Dill
2-3 Stängel Petersilie
2-3 Stängel Minze
3 Eier
1 TL rosenscharfes Paprika-
pulver
Pfeffer
200 g Feta (Schafskäse)
100 g Mehl
ca. 50 ml Olivenöl

Die Zucchini putzen, nach Belieben schälen bzw. waschen und grob in eine Schüssel reiben. Salzen und ca. 15 Min. ziehen lassen. Danach die Zucchiniraspel auf ein Geschirrtuch geben und sorgfältig mit den Händen die Flüssigkeit auspressen. Die Raspel wieder in die Schüssel geben.

Während die Zucchini ziehen, die Frühlingszwiebeln waschen, putzen und klein schneiden. Die Kräuter waschen, trocken schütteln und fein hacken. Alles zu den Zucchiniraspeln geben. Eier, Paprikapulver, Salz und Pfeffer hinzufügen und alles sehr gut vermischen.

Den Feta würfeln und mit dem Mehl zur Gemüsemischung geben. Alle Zutaten sehr gut miteinander vermischen.

Eine große Pfanne mit reichlich Olivenöl erhitzen. Von der Zucchinimasse 1 gehäuften EL abnehmen, zu einer Nocke formen, in die Pfanne geben und etwas flach drücken. Die Zucchinipuffer portionsweise bei mittlerer Hitze 2-3 Min. braten, mit einem Pfannenwender vorsichtig wenden und auf der zweiten Seite ebenfalls 2-3 Min. braten.

Die Zucchinipuffer pur, im Brot oder mit etwas Joghurtsauce servieren. Sie schmecken auch kalt.

MÜCVER

SPICY ROASTED PEPPERS

Ein Klassiker mittlerweile, den wir von Anfang an als vegetarisches Gericht in unserem »Imbiss« Hans Kebab serviert haben. Scharf und salzig, gegrillt mit Röstaroma ist diese Delikatesse ein toller Snack zu jeder Jahreszeit. Auch als Beilage ein Genuss.

Für 2 Personen
Zubereitungszeit: 20 Min.
Kühlzeit: 2 Std.
Pro Portion ca. 525 kcal,
30 g E, 37 g F, 14 g KH

6 rote Spitzpaprika
150 g Tulum (türk. Ziegenkäse; türk. Supermarkt)
150 g Feta (Schafskäse)
1 EL Togarashi (jap. Gewürzmischung; Asialaden)
1 EL Sumach (orient. Gewürz)
Salz
1 EL Olivenöl

Die Spitzpaprika waschen, das Stielende abschneiden und wegwerfen. Die Schoten vorsichtig aushöhlen, Kerne und Trennwände entsorgen.

Den Tulum und den Feta zerbröckeln und in eine Schüssel geben. 250 ml lauwarmes Wasser, Togarashi und Sumach sowie 1 Prise Salz dazugeben. Alle Zutaten kräftig mit den Händen mischen, bis eine homogene Masse entsteht. Die Mischung zugedeckt in den Kühlschrank stellen und ca. 2 Std. kühlen.

Die Käsemischung in einen Spritzbeutel füllen und die Paprika bis kurz vor dem Rand füllen. Den Boden einer Grillpfanne mit dem Öl bestreichen, die Paprika darauflegen und bei mittlerer Hitze ca. 3 Min. grillen. Vorsichtig wenden und nochmals ca. 3 Min. grillen. Die Paprika warm servieren.

Oh Döner, berühmtestes Fast Food in Deutschland! Eine besondere Ehre erwies ich ihm mit der Eröffnung des ersten Craft-Döner-Imbiss im Land: »Hans Kebab« in München, Döner vegetarisch, einfach toll.

Für 4 Personen
Zubereitungszeit: 30 Min.
Pro Portion ca. 540 kcal,
26 g E, 15 g F, 76 g KH

400 g fester Tofu
100 g gemischtes Gemüse
(z. B. Aubergine, Zucchini,
rote Paprika)
1 kleine Birne
1 EL Olivenöl
100 g Feldsalat
50 g Frisée
100 g Eichblattsalat
100 g Lollo Bianco
½ Grapefruit
1 rote Zwiebel
12 Kirschtomaten
1 Kästchen Kresse
1 türkisches Fladenbrot
4 EL Avocadocreme (Guaca-
mole, selbst gemacht oder
Fertigprodukt)
4 EL Kräuter-Joghurt-Sauce
(selbst gemacht oder Fertig-
produkt)

Den Tofu in Scheiben schneiden und kurz in der Grillpfanne oder auf dem Grill rösten. Das Gemüse putzen, waschen und in Scheiben schneiden. Die Birne waschen, halbieren, entkernen und ebenfalls in Scheiben schneiden. Tofu aus der Pfanne oder vom Grill nehmen, Gemüse und Birne mit etwas Olivenöl beträufeln, in die Grillpfanne oder auf den Grill legen und rösten.

Die Salate waschen, trocken schleudern und klein schneiden oder zupfen. Die Grapefruithälfte schälen und in Scheiben scheiden. Die Zwiebel ebenfalls schälen und in Scheiben schneiden. Die Kirschtomaten waschen und halbieren. Die Kresse abschneiden und zur Seite legen.

Das Fladenbrot in 4 gleich große Stücke schneiden und die Oberseite in der Grillpfanne oder auf dem Grill kurz toasten. In jedes Stück eine tiefe Tasche schneiden. Die Brottasche innen auf der Unterseite mit Avocadocreme und oben mit der Kräuter-Joghurt-Sauce bestreichen.

Die Brottaschen mit Tofu, Gemüse, Salat, Grapefruit, Zwiebel, Tomaten und Kresse befüllen. Gut zusammendrücken, Augen schließen und reinbeißen.

DÖNER »HANS KEBAB«-STYLE

MEINE LIEBLINGS-SUPERFOODS FLIEGEN NICHT UM DIE WELT

Was liest man nicht alles. »Superfoods machen dich fit, schlank & schön«. So lautet oft das Versprechen der Marketingleute, wenn sie neu oder wieder entdeckte Lebensmittel aus aller Welt anpreisen. Mittlerweile gelten sehr viele Früchte, Gemüse, Samen und Nüsse in aller Form - ob als Rohkost oder zu Pulver gemahlen - als Superfood. Doch wir sollten immer genau hinschauen, welches Produkt in welcher Form für unseren Körper wirklich nützlich und wohltuend ist. Und woher es kommt!

Zahlreiche Lebensmittel liefern Proteine, Vitamine, Mineralien, Enzyme und essentielle Fette, die sich positiv auf unsere Gesundheit auswirken. Die richtige Menge und eine clevere Kombination von Zutaten in unserer Ernährung stärken beispielsweise das Immunsystem, helfen beim Entgiften und fördern das allgemeine Wohlbefinden. Letzteres ist mir besonders wichtig, da ich viel arbeite und mich nach einer Mahlzeit nicht voll, sondern gestärkt und wohlfühlen möchte.

Meine generelle Empfehlung lautet, vor allem jene »Superfoods« zu essen, die in der Nähe wachsen, und keine der Wirkung nach vergleichbaren Produkte, die um die halbe Welt geflogen sind. Neben der Regionalität ist auch Bio für mich ein wichtiger Faktor.

Die Liste der Nahrungsmittel, die neben den lebenswichtigen Grundnährstoffen auch sekundäre Pflanzenstoffe enthalten, ist endlos lang. Unter anderem gehören Zwiebelgewächse, Kohlarten, Rettich und Verwandte, Hülsenfrüchte und Zitrusfrüchte dazu.

Für eine gesunde Ernährung sollten Lebensmittel sich vor allem gegenseitig ergänzen. Voll ausschöpfen können wir die Vitamine und anderen gesunden Inhaltsstoffe oft erst durch die Kombination mit anderen Zutaten. So kann das fettlösliche Betacarotin, eine Vorstufe von Vitamin A, am besten aufgenommen werden, wenn das Gemüse mit etwas Fett zubereitet wird (siehe Möhren). Wir sollten versuchen, uns möglichst ausgewogen zu ernähren, am besten von frischen, natürlich gewachsenen Zutaten. Anstatt uns auf isolierte Superfoods zu verlassen. Ein Fußballspiel wird auch nicht nur von einem Superstar gewonnen.

AUBERGINEN

Ich liebe Auberginen, ich habe sie schon als kleines Kind geliebt, ganz besonders, wenn meine Mutter meine Leibspeise »Imam Bayildi« gekocht hat.

Sechs Monate soll ich alt gewesen sein, als ich dieses Gericht zum ersten Mal probieren durfte. Himmlisch! Bis heute liebe ich auch die Art, wie meine Mutter das Gericht isst: Sie tunkt das Brot in die Aubergine, kratzt dabei das Auberginenfruchtfleisch und die Füllung zusammen heraus und führt den Bissen dann zum Mund – ein Traum.

Rund um das Mittelmeer gehören Auberginen zur Alltagsküche. Da sie wenig Eigengeschmack haben, sind die Zubereitungsmöglichkeiten sehr vielfältig.

Auberginen sind kalorienarm, werden aber oft mit viel Fett zubereitet. Sie enthalten wertvolle Vitamine und Mineralstoffe, unter anderem Betacarotin, Folsäure, Vitamin C, außerdem Kalium, Magnesium und Calcium. Auberginen haben entzündungshemmende Eigenschaften, enthalten reichlich Antioxidantien, die bei der Zellerneuerung helfen. Ich kann sie jeden Tag essen!

BROKKOLI

Hier kann kaum ein anderes einheimisches Superfood mithalten. Brokkoli ist ein Allrounder und ich esse ihn so oft wie möglich. Anfangs dachte ich, dass man ihn vor allem gebacken oder als Eintopf zubereitet, doch nachdem ich mich länger mit ihm beschäftigt hatte, merkte ich, dass er weitaus mehr kann.

Ich liebe Brokkoli als Beilage, weil ich den puren Geschmack und die Konsistenz schätze. Mit etwas Olivenöl und Meersalz gewürzt, kurz mit Knoblauch geschwenkt, ist er eine Köstlichkeit.

Brokkoli bekommt man aus einheimischer Ernte etwa von Juni bis November.

Er enhält wenig Kalorien, liefert dafür aber umso mehr Gesundes: Vitamin C, Betacarotin und Vitamin K sind nur einige der wichtigen Vitamine. An Mineralstoffen schenkt er uns Calcium, Kalium, Magnesium und Phosphor. Sekundäre Pflanzenstoffe wirken antioxidativ und stärken das Immunsystem.

JOGHURT

Ich kann mich kaum erinnern, dass es in unserer mediterranen Küche je ein Mittag- oder Abendessen gab, zu dem nicht etwas Joghurt gereicht wurde. Er erfrischt, neutralisiert und ist sehr gesund.

Joghurt enthält Vitamine der B-Gruppe, Calcium und Milchsäurebakterien, die gut für den Darm sind. Er stärkt außerdem Knochen und Zähne. Aber Finger weg von den Sorten, die mit Fruchtgeschmack locken. Sie enthalten meist viel Zucker und so kann Joghurt schnell zur Kalorienbombe werden.

Joghurt mit hohem Fettgehalt ist meist cremiger, weniger fetter Joghurt schmeckt leicht säuerlich. Ich nehme gerne griechischen (oder türkischen) Joghurt mit ca. 10 Prozent Fett. 100 g davon liefern ca. 10 g hochwertiges Eiweiß.

KIWI

Kiwis schmecken wunderbar süß-säuerlich und liegen perfekt verpackt in ihrer stacheligen Hülle im Geschäft. Durch ihren hohen Wasseranteil sind sie ein guter Snack für zwischendurch, sie enthalten außerdem wenig Zucker, aber viele Antioxidantien. Außerdem unterstützen Kiwis unsere Verdauung.

Die Kiwi ist eine wahre Vitamin-C-Bombe und eine Frucht deckt etwa zwei Drittel unseres Tagesbedarfs an diesem Vitamin. Auch mit Vitamin B2, B6 und Vitamin E punktet die Kiwi.

Zwischen Oktober und Juni bekommt man Kiwi aus europäischen Anbaugebieten, hier ist vor allem Italien zu einem der weltweit größten Produzenten geworden.

Seit einiger Zeit gibt es die Züchtung Gold-Kiwi, deren Fruchtfleisch leicht nach Mango und Banane schmeckt.

RUCOLA

Durch den Einfluss der italienischen Küche wurden die unter dem Namen »Rauke« lange als Unkraut verunglimpften Blätter wieder unter wohlklingendem Namen in unsere Küche integriert.

Rucola schmeckt scharf-würzig und ist darum nicht nur als Salat, sondern auch zum Würzen - wie Kräuter - beliebt. Er steckt außerdem voller gesunder Inhaltsstoffe, unter anderem enthält er Vitamin C, Betacarotin und Folsäure. Kalium und Calcium sollen gut für ein gesundes Herz sein. Rucola enthält auch sekundäre Pflanzenstoffe, unter anderem Senföle, die nicht nur für die Schärfe des Rucola sorgen, sondern auch zu den besonders gesunden Bitterstoffen zählen.

Ich liebe Rucola pur mit etwas Zitronensaft und Olivenöl. Dabei verwende ich bevorzugt zarte Blätter aus regionalem Bioanbau. Rucola verleiht einem grünen Smoothie Pep und leichte Schärfe.

LEINSAMEN

Leinsamen kannte ich lange gar nicht oder ich habe sie einfach ignoriert. Was für ein Fehler! Umso intensiver habe ich mich die letzte Zeit mit diesem Superfood beschäftigt und mittlerweile esse ich mehrmals die Woche Leinsamen.

Da Leinsamen reichlich Ballaststoffe enthalten, die die Verdauung fördern, gebe ich gerne gleich morgens einen Teelöffel in mein Müsli. Anschließend bemühe ich mich, reichlich Wasser oder ungesüßten Tee zu trinken, damit die Leinsamen quellen können.

Leinsamen enthalten Eiweiß, außerdem wertvolle Omega-3-Fettsäuren. Diese dürfen in der gesunden Ernährung nicht fehlen, wirken entzündungshemmend und unterstützen das Immunsystem. Außerdem schenken uns die Power-Samen Eisen, Magnesium, Zink und Vitamine.

Neben den ganzen und geschroteten Leinsamen habe ich auch eine Flasche Leinöl im Schrank; das gebe ich an Salate.

TOMATEN

Für mich das Superfood schlechthin. Ich liebe Tomaten, das war jedoch nicht immer so. Tomaten können ja absolut himmlisch sein oder nach nichts schmecken.

Wie oft isst man Tomaten ohne jegliches Aroma in einem Salat oder zu einer Sauce gekocht. Furchtbar! Und dann beißt du eines Tages in eine sonnengereifte San-Marzano-Tomate und denkst, du hast bis zu diesem Moment keine einzige wahre Tomate gegessen!

Bei den vielen Sorten kann man schon mal durcheinanderkommen, aber ich habe meine Favoriten gefunden: Für Salat nehme ich meist Kirsch-, Eier- oder Datteltomaten, gerne auch mal bunt gemischt. Für alle anderen Zubereitungen mag ich reife Strauch- oder Fleischtomaten. Ein Tipp: Wenn Sie eine »Mariannas Peace«-Tomate sehen – beißen Sie rein.

Neben dem Aroma schenken uns die kalorienarmen Tomaten das wertvolle Carotinoid Lycopin, das Entzündungen entgegenwirkt. Vitamin C, Kalium, Betacarotin sowie Folsäure runden das Gesundheitsprofil ab.

LINSEN

Wir haben sie früher gerne als Suppe gegessen, meistens einmal die Woche. Mit etwas Zitrone und Chili gewürzt, schmecken die gesunden, kleinen Hülsenfrüchte ausgezeichnet. Linsen sind eine hervorragende Eiweißquelle und darum besonders interessant für alle, die auf Fisch und Fleisch verzichten.

Linsen enthalten reichlich B-Vitamine, die wichtig sind für unser Nervensystem. Sie schenken uns Vitamin A, welches das Immunsystem stärkt, sowie Vitamin E, das unsere Zellen schützt. Auch Mineralien liefern sie, vor allem Eisen, Kalium, Magnesium und Calcium.

Das Eisen kann von unserem Körper übrigens besser aufgenommen werden, wenn die Linsen mit Vitamin-C-haltigen Zutaten zubereitet werden.

In Mexiko, in Frankreich, in der Türkei sowie im gesamten Mittelmeerraum und im Nahen Osten schätzt man die Hülsenfrüchte sehr und bereitet den »Kaviar des armen Mannes« auf vielfältige Art und Weise zu.

MÖHREN

Für mich sind Möhren der perfekte Snack für zwischendurch, Rohkost vom Allerfeinsten. Aber sie lassen sich auch unendlich vielfältig zubereiten.
Möhren sind kalorienarm und reich an Ballaststoffen, die unsere Verdauung unterstützen. Außerdem zählen sie zu den Gemüsesorten mit dem höchsten Gehalt an Betacarotin, das bekanntlich gut für die Augen ist.

Sie schenken uns auch viele Mineralstoffe, unter anderem Kalium, Natrium, Calcium, Phosphat, Magnesium, Eisen und Zink.

Möhren schmecken mild und haben eine leichte Süße, daher lieben Babys sie. Nachdem sie hier viele Jahre nur in der orangen Variante zu bekommen waren, gibt es inzwischen wieder eine bunte Vielfalt: Gelb, Dunkelorange, Hellrot, Violett und sogar Schwarz. Unbedingt probieren!

ZWIEBELN

Ich esse jeden Tag eine halbe Zwiebel – roh. Ich weiß, es hört sich verrückt an, aber ich bin beinahe süchtig nach Zwiebeln. Kein Sandwich und kein Gericht, das ich gerne koche, kommt ohne Zwiebel aus. Sie ist auch die Basis vieler Rezepte und sehr vielseitig einsetzbar.

Gebraten, gekocht, gedünstet, geschmort oder natürlich auch roh können Zwiebeln verzehrt werden und schenken jedem Essen damit eine Portion gesunde Inhaltsstoffe.

Zwiebeln enthalten neben Vitaminen auch Antioxidantien und Schwefelverbindungen. Sie wirken entzündungshemmend und antibakteriell, fördern die Verdauung, liefern wichtige Vitalstoffe und sind ein echter Schlankmacher.

Aus der Vielfalt der Sorten verwende ich hauptsächlich die verbreitete Speisezwiebel für die Alltagsküche. Dicht gefolgt von meiner Lieblingssorte, der roten Zwiebel, die etwas milder und süßlicher schmeckt. In mediterranen Gerichten viel verwendet wird die weiße Zwiebel, die ich gerne roh esse, weil sie bekömmlicher ist. Auch Frühlingszwiebeln sind milder und schmecken gut in Salaten.

MANDELN

Das Eiweißwunder schlechthin! Wer auf Fleisch und Fisch verzichtet, kann das gut kompensieren, in dem er viele Mandeln isst. Mandeln liefern ebenso viele Ballaststoffe und sorgen für ein lang anhaltendes Sättigungsgefühl.

Sie enthalten zwar viel Fett, mehr als 50 Prozent, das wiederum setzt sich aber aus wertvollen ungesättigten Fettsäuren zusammen.

Mandeln bringen die Nerven und das Gehirn in Topform. Das perfekte »Brainfood« wegen dem hohen Gehalt an Magnesium, Phospor, Niacin und Vitamin E.

Es gibt drei Sorten: Die Süßmandel ist die bekannteste und beliebteste Sorte, man bekommt sie in jedem Supermarkt. Die Krachmandel wird meistens im Winter angeboten und hat eine hauchdünne Schale. Und abschließend die Bittermandel, die niemals roh verzehrt werden darf! Sie unterscheidet sich optisch nicht von der Süßmandel, enthält aber Amygdalin, das sich bei der Verdauung in Blausäure verwandelt.

INGWER

Lange Zeit hatte ich ihn gar nicht »auf dem Schirm«, den tollen Ingwer. Ich muss ehrlich gestehen, dass Alfons Schuhbeck mich auf ihn aufmerksam gemacht hat. Mit seinen Gewürzen und Extrakten, die ich allesamt verkostet habe, brachte er mir den Ingwer nahe.

Auch der »Sushi-Boom« hat seinen Teil dazu beigetragen, dass Ingwer immer mehr gegessen wurde und man feststellte, wie gesund diese Zutat für unseren Körper doch ist.

Ingwer regt die Verdauung an, schützt das Herz, beruhigt den Bauch, regt die Durchblutung an, hilft bei Erkältung, vertreibt Übelkeit und macht viele Gerichte bekömmlicher.

Er enthält mehr als 500 wichtige Inhaltsstoffe. Ein absolutes Muss in jeder Küche! Ingwer regt den Stoffwechsel an und hat einen kalorienverbrennenden Effekt. Er hemmt den Appetit und tut damit unserem Körper viel Gutes.

Ingwer kann in vielerlei Form verwendet werden. Ich trinke ihn gerne frisch aufgebrüht als Tee oder gebe ihn in Eintöpfe. Aber auch in Suppen oder als Weihnachtsgewürz schmeckt er toll.

SCHWARZE BOHNEN

Last but not least: Zwei meiner liebsten Superfoods, auf die ich kaum verzichten kann, kommen von etwas weiter her: die schwarzen Bohnen und der Matcha-Tee.

Black Food heißt der neue Gesundheitstrend aus Asien, der den hier ebenso wachsenden Superfoods Konkurrenz machen soll.

Schwarze Lebensmittel sollen sehr gut für die Nieren sein. Daher sind schwarze Sojabohnen und schwarzer Reis ebenso gut wie die schwarzen Bohnen. Reich an Antioxidantien, Mineralien und Spurenelementen. Es lohnt sich allemal, schwarze Lebensmittel in den Ernährungsplan zu integrieren. Sie fangen freie Radikale ab und schützen unsere Zellen.

Schwarze Bohnen schmecken süßlich, liefern reichlich Ballaststoffe, Eiweiß und Eisen.

Am liebsten mag ich sie als Eintopf mit anderen tollen Gemüsesorten und einer dickflüssigen Tomatensauce. Dazu noch schwarzer Reis. Lecker.

MATCHA-TEE

Matcha ist ein grüner Tee, für den die Blätter zu feinem Pulver gemahlen werden. Deshalb ist er konzentrierter als andere Grünteesorten. Im Zusammenhang mit dem Thema Fettverbrennung stößt man immer wieder auf Matcha, da der hohe Gehalt an Koffein den Stoffwechsel und die Herztätigkeit anregt. Das kann den Fettabbau unterstützen.

Matcha enthält außerdem jede Menge Chlorophyll und stärkt daher das Immunsystem. Außerdem unterstützt Chlorophyll die Entgiftung, die Wundheilung und den Aufbau neuer Blutzellen. Darüberhinaus ist das knallgrüne Pulver reich an den Vitaminen A, B, C und E sowie an Antioxidantien.

Sie sehen schon, wie gut dieser Tee für uns ist! Superfood vom Feinsten. Ich habe einmal eine Matcha-Tee-Zeremonie in Osaka mitgemacht und es war unglaublich. Die Zubereitung des Tees ist eine Kunst für sich. Am besten mal bei YouTube nachsehen, da gibt es gute Videos.

REGISTER

APPETIT AUF MEHR?

LIEBE LESERINNEN UND LESER,

wir wollen Ihnen mit diesem Buch Informationen und Anregungen geben, um Ihnen das Leben zu erleichtern oder Sie zu inspirieren, Neues auszuprobieren. Wir achten bei der Erstellung unserer Bücher auf Aktualität und stellen höchste Ansprüche an Inhalt und Gestaltung. Alle Anleitungen und Rezepte werden von unseren Autoren, jeweils Experten auf ihren Gebieten, gewissenhaft erstellt und von unseren Redakteur*innen mit größter Sorgfalt ausgewählt und geprüft.

Haben wir Ihre Erwartungen erfüllt? Sind Sie mit diesem Buch und seinen Inhalten zufrieden? Wir freuen uns auf Ihre Rückmeldung. Und wir freuen uns, wenn Sie diesen Titel weiterempfehlen, in Ihrem Freundeskreis oder bei Ihrem Online-Kauf.

Sollten wir Ihre Erwartungen so gar nicht erfüllt haben, tauschen wir Ihnen Ihr Buch jederzeit gegen ein gleichwertiges zum gleichen oder ähnlichen Thema um.

KONTAKT ZUM LESERSERVICE
GRÄFE UND UNZER VERLAG
Grillparzerstraße 12
81675 München

Ein Unternehmen der
GANSKE VERLAGSGRUPPE

IMPRESSUM

© 2022 GRÄFE UND UNZER VERLAG GmbH, Postfach 860366, 81630 München

Gräfe und Unzer ist eine eingetragene Marke der GRÄFE UND UNZER VERLAG GmbH.
www.gu.de

ISBN 978-3-8338-7984-5
1. Auflage 2022

Alle Rechte vorbehalten. Nachdruck, auch auszugsweise, sowie Verbreitung durch Bild, Funk, Fernsehen und Internet, durch fotomechanische Wiedergabe, Tonträger und Datenverarbeitungssysteme jeder Art nur mit schriftlicher Genehmigung des Verlages.

Projektleitung: Sabine Sälzer
Lektorat: Katharina Lisson
Korrektorat:
Anne-Sophie Zähringer
Umschlaggestaltung und Layout:
ki36 Editorial Design, München,
Marta Olesniewicz,
Katja Wohnrath
Fotografie: Silvio Knezevic
Foodstyling: Sven Christ
Herstellung: Susanne Fuhrmann
Satz: Christopher Hammond
Repro: Longo AG, Bozen
Druck: aprinta GmbH, Wemding
Bindung: Conzella, Pfarrkirchen
Autor vermittelt durch Agentur
Stefan Linde.

Umwelthinweis:
Nachhaltigkeit ist uns sehr wichtig. Der Rohstoff Papier ist in der Buchproduktion hierfür von entscheidender Bedeutung. Daher ist dieses Buch auf PEFC-zertifiziertem Papier gedruckt. PEFC garantiert, dass ökologische, soziale und ökonomische Aspekte in der Verarbeitungskette unabhängig überwacht werden und lückenlos nachvollziehbar sind.

Die GU-Homepage finden Sie unter www.gu.de
Syndication:
www.seasons.agency

Bildnachweis:
Silvio Knezevic: alle Fotos, außer S. 8 (3), S. 10, S. 12 privat/Cihan Anadologlu: S. 8 (3) oben rechts, unten links und rechts, S. 10, S. 12

Der Autor
Cihan Anadologlu hat weltweit als international prämierter Gastronom gearbeitet. Seit vielen Jahren betreibt er sehr erfolgreich verschiedene Gastronomie-Betriebe mit seiner Agentur »Atelier for Culinary Concepts«. Sein neuester Coup seit 2021 ist der erste Craft Döner Imbiss in München namens »Hans Kebab« das auch verschiedene vegetarische Alternativen anbietet.